손에 잡히는 성공학

손에 잡히는 성공학

— 부자가 되는 지름길

나폴레온 힐 / 윌리암 클레멘트 스톤 공저
홍석연 옮김

문지사

이 책에서 '저자'라 함은 나의 절친한 친구 나폴레온 힐을 말합니다.

당신이 이 책을 읽을 때는 '오로지 나 한 사람만을 위해서 씌어진 것이다'라고 생각하면서 읽으십시오.

그리고 뜻이 있는 강력한 문장이나 인용구에는 반드시 줄을 그어 주십시오. 줄 그은 인용구는 꼭 기억해 두면서 이 책이 나를 행동으로 이끄는 동기를 만들어 줄 '지침서'라는 것을 항상 염두에 두시기 바랍니다.

미국 16대 대통령 에이브레함 링컨은 자신이 읽은 책이나 만난 사람, 우연히 마주친 사건에서까지 무엇이든 배운다는 습관을 몸에 붙이고 살았던 사람이었습니다. 그러다 언제부터인가 스스로 반성하는 습관을 갖게 되면서 모든 문제를 자신과 관련시키거나 동화시켜 활용할 수가 있었다고 합니다.

당신 또한 창조적 사고와 예술적 재능을 통해 지식과 인격, 육체적인 에너지를 성공이나 부, 또는 건강이나 행복으로 바꿀 수가 있습니다.

이 책은 그런 방법을 당신에게 가르쳐 줄 뿐만 아니라, 당신의 가슴 속에, 그렇게 해 보았으면 하는 충동을 일으키는 매우 훌륭한 동기를 만들어 줄 것입니다.

목차

제1부

✳

성공으로 가는 길

제1장
가장 중요한 사람을 만나라

우리의 가난은 운명 때문이 아니다

당신은 이 책 어디에선가 — 뜻밖에도 갑자기 그 인물을 만나서 자신의 인생이 완전히 변해 버린 것을 깨닫게 되어 깜짝 놀랄 것입니다. 또한 당신은 중요한 인물을 만났을 때, 그 사람의 '위대한 비밀'을 발견할 것입니다.

그 비밀이라는 것은, 그 사람의 외부조건Positive Mental Attitude : 적극적인 마음가짐의 머리 글자 'PMA'와 내부조건Negative Mental Attitude : 소극적인 마음가짐의 머리글자 'NMA'라고 하는 약자가 새겨져 있는 눈에 보이지 않는 '부적符籍'을 몸에 지니고 있다는 것입니다.

이 눈에 보이지 않는 부적은 두 가지의 놀라운 힘을 가지고 있습니다. 하나는 부富와 성공, 행복이나 건강 따위를 끌어당기는 힘이고, 다른 하나는 그것들을 물리치는 힘, 즉 우리 인생으로 하여금 살아나갈 가치가 있게 하는 일체의 것을 당신으로부터 빼앗아버리는 힘입니다.

사람을 성공하게 하고, 언제까지나 거기에 머물러 있게 하는 것이 첫째의 힘, 적극적인 마음가짐이며 사람으로 하여금 언제나 인생의 맨 밑바닥을 헤매게 놓아두는 것이 둘째의 힘, 소극적인 마음가짐입니다.

S.B 풀러는 루이지애나의 시골 흑인 소작농의 일곱 번째 아들이었습니다. 그는 다섯 살부터 아홉 살까지, 4년 동안 방직공장을 다녔습니다. 그 당시 대부분의 소작농 아이들이 다 그러했습니다.

소작농들은 가난이 자기들의 운명이거니 여기며 보다 나은 생활을 하겠다는 생각이나 노력은 하지 않았습니다. 그러나 어린 풀러는 같은 또래의 친구들과는 다른 점이 한가지 있었습니다. 그것은 풀러에게 매우 훌륭한 어머니가 있었다는 점입니다.

이 어머니는 자기들 부부가 가난하게 사는 것은 당연하다치더라도, 자식들까지 빈곤한 생활을 하고 있는 것에 대해 참을 수가 없었습니다.

그녀는 자기가 가지고 있는 꿈에 관해서 입버릇처럼 아들 풀러에게 말해 주었습니다.

"우리라고 언제까지나 가난하게만 살라는 법은 없을 것이다. 이제부터는 어미 앞에서 우리가 가난한 것은 하느님 때문이라고 절대로 말해서는 안 된다. 결코 하느님 때문이 아니다. 우리가 가난한 것은 네 아버지가 잘 살아 보겠다는 희망을 품지 않았기 때문이다. 우리 식구들 가운데 누구 한 사람도 지금보다 나은 생활을 하고 싶다고 노력한 일이 없지 않니."

사실 어머니의 말대로 부자가 되겠다는 희망을 품은 사람은 가족 중에 한 사람도 없었던 것입니다. 이런 상황은 어린 풀러의 일생을 변화시켜 놓을 만큼 뼈저리게 그의 가슴 속에 새겨지게 되었습니다.

풀러는 자기가 희망하고 있는 것만을 염두에 두고 희망하고 있지 않은 것은 생각조차 하지 않기로 마음먹었습니다. 이렇듯 소년은 부자가 되겠다고 하는 타오르는 열망을 품게 되었습니다.

많은 궁리 끝에 돈을 버는 가장 빠른 길이 무엇인가 하는 고민 끝에 결론으로 장사를 하는 일이라고 결심하고 비누 장사를 시작했습니다.

그 때부터 12년 동안을 그는 이 집 저 집으로 비누를 팔며 돌아다녔습니다. 그러는 동안 자기에게 비누를 대 주던 회사가 팔리게 된다는 것을 알게 되었습니다. 당시 그 회사의 값은 15만 달러였습니다. 하지만 그가 12년간 비누 장사를 해서 한 푼 두 푼 모은 돈은 2만 5천 달러밖에 없었습니다. 많은 고심 끝에 이 2만 5천 달러를 계약금으로 지불하고, 나머지 12만 5천 달러는 10일 이내에 완불하겠다는 약속으로 계약이 이루어졌습니다. 물론 그 계약서에는, 만일 잔금을 지불하지 않으면 계약금은 돌려 받을 수 없다는 단서가 붙어 있었습니다.

거리에서 비누를 팔고 있던 세일즈맨으로서의 12년 동안, 풀러는 많은 실업가들로부터 존경과 칭찬을 받아왔습니다. 풀러는 그 사람들한테로 달려갔습니다. 그리고 개인적인 친구들로부터 돈을 빌리고, 금융 회사나 투자 회사로부터도 융자를 받았습니다.

열흘째가 되는 전날 밤에는 11만 5천 달러의 돈이 준비되었으나, 아직 1만 달러가 부족했습니다.

빛을 구하라!

"내가 알고 있는 사람들, 나를 신용하고 돈을 빌려 줄 만한 곳은 이미 다 찾아 다니고 난 뒤였습니다. 밤도 이슥해졌습니다. 더 이상 방법이 없었습니다. 나는 어두운 방 안에서 무릎을 꿇고 하느님에게 간절히 기도를 드렸습니다.

'얼마 동안만 제게 1만 달러를 융통해 줄 사람을 만나게 해주십시오.' 하고 빌었습니다. 그런 다음 나는, '불이 켜져 있는 집을 발견할 때까지 61번가를 샅샅이 돌아보자' 하고 내 자신에게 타일렀습니다. 또 나는 지금부터 찾아갈 그 불빛이 하느님의 계시가 되게 해 달라고 간절히 빌었습니다.

풀러가 시카고 61번가로 뛰쳐 나갔을 때는 밤도 이미 11시가 넘어 있었습니다. 몇몇 거리를 지나친 끝에, 어느 사무실에 불이 켜져 있는 것을 발견했습니다.

그는 무작정 사무실 안으로 들어갔습니다. 거기에는 밤 늦게까지 일하다 지쳐버린 한 남자가 의자에 힘겹게 앉아 있었습니다. 풀러는 그 사나이를 안면 정도로 알고 있었습니다.

풀러는 용기를 내야 한다고 생각했습니다.

"1천 달러의 돈을 벌 생각이 없으십니까?"

하고 풀러는 단도직입적으로 물었습니다.

그 청부업자는 다짜고짜로 이런 질문을 받고 어리둥절하다가

"물론 벌고 싶지."

하고 지친 음성으로 말했습니다.

"그렇다면 1만 달러 짜리 수표 한 장만 끊어주십시오. 그 돈을 갚아드릴 때, 당신 몫으로 1천 달러를 더 드리겠습니다."

하고 풀러는 말했습니다.

풀러는 자기에게 돈을 빌려 준 사람들의 이름을 말하고, 또 자신이 해낸 거래상의 모험에 대해서도 자초지종을 설명했습니다.

그가 말하는 성공의 비결

이제 그는 주머니 속에 1만 달러 짜리 수표를 지니게 되었습니다.

지금의 풀러는 그 당시 매입한 회사뿐만이 아니라, 그밖에 4개의 화장품 회사와 메리야스 공장, 라벨제조회사, 신문사 등 모두 7개 회사의 지배권을 손아귀에 쥐고 있습니다.

필자가 그의 성공 비결을 공개해 줄 것을 부탁했을 때, 그는 오랜 옛날 그의 어머니로부터 들었다고 하는, 다음과 같은 말로써 그 대답을 대신했습니다.

"우리가 가난한 것은 하느님 때문이 아닙니다. 우리의 가난은 집안의 가장인 아버지가 부자가 되겠다고 하는 희망을 품지 않았기 때문이었습니다. 또한 식구들 중에 어느 누구도 잘 살아보겠다는 야망을 가진 적이 없었기 때문이었습니다."

그의 말은 계속 이어졌습니다.

"어쨌든 내가 바라고 있는 것은 분명했습니다. 그러나 과연 그것을 어떻게 하면 손에 넣을 수 있는가 하는 방법은 전혀 몰랐습니다. 그래서 하나의 목표를 세우고, 나를 감화시켜 줄 듯싶은 책을 읽어보기로 마음먹었습니다. 나는 그 목표를 달성하게 해 줄 지식을 달라고 하느님께 기도드렸습니다. 『성서』, 나폴레온 힐의 『나도 성공한 부자가 될 수 있다』, 로버트 코리어의 『세대의 비밀』 등 세 권의 책은, 나의 타오르는 염원을 이루어주는데 중요한 역할을 한 지침서들입니다. 그 중에서도 내가 받은 큰 감화는 『성서』를 읽음으로써 얻어진 것입니다."

풀러는 외부적으로 PMA[적극적 마음가짐], 그리고 내적으로 NMA[소극적 마음가짐]라고 하는 약자가 새겨진 부적의 외부조건 PMA을 향상시켰기 때문입니다. 따라서, 그 때까지는 단순한 백일몽에 지나지 않았던 꿈을 현실로 바꿀 수 있었던 것입니다.

그런데 여기서 주의해 두어야 할 것은, S. B 풀러는 우리들 대다수가 처해 있는 입장보다도 훨씬 불리한 조건에서 인생의 첫 출발을 시작했다는 사실입니다. 그러나 그는 큰 목표를 설정하고, 그것을 향하여 두려움없이 돌진해 갔던 것입니다.

물론 목표의 선택은 개인적인 것입니다. 오늘날과 같은 시대, 현재에도 여전히 '이것은 내가 선택한 것이다. 내가 지금 가장 성취하고 싶다고 여기고 있는 것은 이 일이다'라고 주장할 수 있는 개인적인 권리가 당신에게 주어져 있다는 것입니다. 그리고 그것이 신이나 사회법칙에 거슬리지 않는 한, 당신의 목표는 달성될 수 있는 것입니다.

당신은 자신의 노력 여하에 따라서 무엇이나 손에 넣을 수가 있고, 그무엇도 잃을 것이 없다는 것입니다. 성공이라는 것은 노력을 계속해 나가는 사람에 의하여 달성되고 유지되는 삶의 열매입니다.

당신이 무엇을 위해서 노력하느냐 하는 것은 당신 자신의 문제입니다. 이 세상의 많은 사람들이 한결같이 대 제조회사의 경영 책임자인 S. B 풀러와 같이 되겠다고는 생각하지 않을 것입니다. 누구나 위대한 예술가가 되기 위해서 스스로 선택한 값비싼 대가를 지불하려고 하지도 않을 것입니다. 대부분의 사람들에게 인생의 풍요성에 대한 평가는 서로 다릅니다.

성공이란, 애정으로 충만된 행복한 인생을 쌓아올리는 일상생활의 기술이라고도 할 수 있습니다. 당신은 그와 같은 생활을 쌓아갈 수가 있고, 다른 많은 사람들도 부자가 될 수 있는 것입니다. 어느 것을 선택하느냐 하는 것은 결국 당신 자신이 결정해야 할 목표입니다.

그러나 당신에게 있어서 성공이라고 하는 것이, 풀러와 같이 부자가 되는 것을 뜻하든, 첨단 물질을 연구함으로써 새로운 원소를 발견한 데에 있든, 혹은 불후의 명곡을 작곡하는 일, 장미를 재배하는 일, 어린이를 양육하는 일을 뜻하든, 그 어느 것이든 간에 외부의 PMA^{적극적 마음가짐}, 내부의 NMA^{소극적 마음가짐}의 약자가 새겨져 있는, 눈에 띄지 않는 부적이 당신의 성공을 도울 수가 있습니다.

이제 당신이 해야 할 일은 PMA에서 바라고 있는 것을 자기 쪽으로 끌어당기고, 또한 NMA에서 나쁜 것을 물리치는 일입니다.

역경은 보다 큰 이익을 위한 씨앗이다

또 다른 예를 들면, 크램 라바인의 이야기가 좋은 본보기가 될 것입니다. 크램 라바인은 예리하고 크게 휘는 멋진 커브를 던지는 투수로서, 그 당시 야구계에서는 유명한 사람입니다.

크램은 소년 시절 바른쪽 둘째 손가락이 부러지고 말았습니다. 치료를 받았지만 손가락은 제대로 이어지지 않았습니다. 많은 노력 끝에 그 손가락은 낫기는 했지만, 첫째 관절과 둘째 관절 사이가 영원히 고리 모양으로 굽고 말았던 것입니다. 크램은 그 때까지 야구에 대해 크나큰 야망을 가지고 있었으므로 아주 낙담하게 되었습니다. 그는 야구로 출세하겠다고 마음먹은 그의 꿈은 이것으로 끝장이 난 것이라고 깊은 슬픔에 빠졌습니다.

"나는 이제 영 글렀다고 생각한다는 것은 스스로를 포기하는 일이야. 불행하게 보이는 것이, 때로는 행복하게 되는 경우도 있거든. 자네에게 닥쳐올 불행을 자네가 어떻게 생각하느냐에 따라서 그것은 결정되는 거야, 옛부터 전해 오는 말이 있잖아! '역경이라는 것은 보다 큰 이익을 낳을 씨앗을 간직하고 있다'고 말이야."

그의 코치는 이같이 말하며 용기를 북돋아 주었습니다. 크램은 코치의 충고를 가슴 깊이 새기고 고난의 야구를 계속했습니다. 이윽고 그는 마음대로 투구할 수 있는 튼튼한 팔을 가지고 있음을 발견하였으며, 게다가 연습만 잘 하면 굽어진 손가락일지라도 훌륭하게 쓸 수 있다는 것을 깨달았습니다.

오히려 구부러진 손가락은 볼에 독특한 회전과 나선형 커브를 던지게 해주었습니다. 그것은 그의 팀 어느 누구도 던질 수 없는 변화구였습니다. 크램은 용기가 솟아났습니다. 훗날 그는 그가 활약하던 시절의 가장 우수한 선수 기운데 한 사람으로 되까지, 몇 년 동안 나선형 커브를 마스터하기 위해 피나는 노력을 했던 것입니다.

어떻게 하여 그는 그것을 성취했을까요? 오로지 숙달과 피나는 노력에 의한 결과임은 말할 나위가 없지만, 그러나 그보다도 중요한 점은 '마음가짐의 변화'에 의한 것이라는 점입니다.

크램 라바인은 자기의 불행한 현실 속에서 행운을 찾아낸다고 하는 것을 터득했던 것입니다. 그는 자기가 가지고 있는, 눈에 보이지 않는 부적을 PMA쪽으로 돌려 그것을 이용했던 것입니다. 그는 적극적인 마음으로 성공을 자기 쪽으로 끌어 당겼던 것입니다.

적극적인 마음가짐은 이와 같이 강력한 힘을 가지고 있지만, 그 반면 소극적인 마음가짐도 그것과 같은 정도로 강력한 것입니다. 그것은 행복과 성공을 가져다주는 대신에, 실패와 실망도 가져다줍니다.

이 부적의 힘은 모든 능력과 마찬가지로, 제대로 이용하지 않으면 위험합니다.

소극적 마음가짐

　소극적 마음가짐을 어떻게 물리치는지를 알 게 하는 매우 재미있는 이야기가 있습니다.

　어느 남부 산간 지방에 역경에서 헤어나지 못하고 있는 한 나무꾼이 살고 있었습니다. 이미 2년 동안 어느 집에 땔 나무를 대 주고 있었는데, 그 집의 특별한 난로에 맞는 통나무는 지름이 7인치보다 작은 것이 아니면 안 된다고 하는 것을 알고 있었습니다.

　어느 날, 나무꾼의 단골은 1코드128입방 피트의 장작을 가져다 달라고 주문했습니다. 장작이 배달되었을 때, 주인은 외출을 하여 집에 없었습니다.

　얼마 후 외출에서 돌아온 주인은 그 통나무 장작의 대부분이 주문한 치수보다 큰 것을 발견했던 것입니다. 주인은 나무꾼에게 전화를 걸어 치수가 작은 장작으로 바꾸어 주든가, 그렇지 않으면 좀 더 작게 쪼개어 달라고 부탁했습니다.

　"그건 할 수 없습니다."

　하고 나무꾼은 잘라 말했습니다.

　"그렇게 하면 주문한 장작보다도 더 값이 비싸게 먹히고 맙니다."

　그리고 나무꾼은 전화를 끊어버렸습니다.

　할 수 없이 주인은 자신이 통나무를 패기로 마음먹었습니다. 그는 소매를 걷어붙이고 일에 착수했습니다. 반쯤 일을 끝냈을 때, 그는 누군가가 일부러 막아 둔 듯한 매우 큰 구멍이 있는 유독 굵은 통나무 하나를 발견했습니다. 그는 그것을 들어올렸습니다. 그러자 생각했던 것보다도 가볍고, 속이 비어 있는 듯이 보였습니다. 그는 도끼를 힘껏 들어

올려 그 통나무를 두 쪽으로 쪼겠습니다.

그러자 그 속에서 때묻은 주석으로 포장된 것이 굴러나왔습니다. 주인은 다시 도끼를 내려 치려던 손을 멈추고, 그것을 집어들어 포장을 풀어보았습니다. 그 속에는 놀랍게도 매우 오래 된 50달러 지폐와 1백 달러 지폐가 들어있었습니다. 그는 그것을 정성스럽게 세어 보았습니다. 꼭 2천 2백 50십 달러가 들어있었습니다. 이 낡은 돈은 오랜 세월 동안 그 통나무 속에 있었던 것이 틀림없었습니다. 그는 돈을 주인에게 되돌려 주어야겠다는 생각에 전화를 걸어서 나무꾼에게 그 장작 통나무는 어디서 베어온 것인가를 물었습니다. 그러나 그 나무꾼의 소극적 마음가짐이 위력을 발휘하여 행운을 밀쳤던 것입니다.

"그건 나 이외에 어느 누구에게도 알릴 수 없는 일입니다. 만일 나리께서 자신의 비밀을 사람들에게 알리면 어떻게 됩니까? 그 때마다 남에게 속아넘어 갈 뿐입니다."

하고 나무꾼은 단호하게 말했습니다.

그 주인은 여러 가지로 노력해 보았지만, 어디서 그 나무를 벌채했는지, 그리고 누가 그 속에 돈을 넣었는지를 끝내 알 수 없었습니다.

이야기의 포인트는 미묘한 운이라고 하는 것에 의미가 있는 것은 아니라 적극적 마음가짐을 가지고 있는 사람은 돈을 발견했는데도, 소극적 마음가짐을 가지고 있는 사람은 그것을 발견하지 못했다고 하는 것은 틀림없는 사실입니다.

그러나 행운이라고 하는 것은 어떤 사람이라도 잡을 수 있다고 하는 것도 사실입니다. 그렇기는 하더라도 소극적인 마음가짐을 가지고 살아가는 사람은 알면서도 자기에게 이익을 주는 행운의 기회를 놓치게 되는 것입니다. 그러나 적극적인 마음을 가지고 있는 사람은 불운까지도 그것을 행운으로 바꾸는 자세가 되어 있다고 할 수 있을 것입니다.

눈에 보이지 않는 부적을 표면 위로 올려 놓으면, 소극적인 마음가짐의 힘을 가지고 있는 쪽이 아니라, 적극적인 마음가짐의 힘을 가지고 있는 쪽을 사용합니다. 이와 같은 능력은 실제로 성공한 많은 사람들의 특성입니다.

대부분 성공이라고 하는 것은 우리가 가지고 있지 않은 무엇인가 이상한 방법으로 유리한 지위를 차지하는 것이라고 생각하기 쉽습니다. 아마도 우리들 모두가 성공을 바라고 있기 때문에, 무의식적으로 그것을 보지 못하는 것인지도 모릅니다. 명백한 것이 보이지 않는다고 하는 것은 흔히 있는 일입니다.

누구나 가지고 있는 적극적인 마음가짐은 그 사람을 유리한 입장으로 이끌어 주는 당연한 것으로서, 그것에는 아무런 이상한 점도 없다는 사실입니다.

자동차왕 헨리 포드의 성공 비결

헨리 포드는 성공한 뒤에 모든 사람으로부터 선망의 대상이 된 인물입니다. 사람들은, 그의 성공이 운이 좋았기 때문이라든가, 유력한 친구가 있었기 때문이라든가, 재능이 있었기 때문이라든가, 포드의 성공 비결이라고 하는 것이 비록 어떠한 것이었을지라도—이러한 것들이 있었기에 비로소 그가 성공했을 것이라고 여기고 있습니다.

사실 이들 요소 중 어느 것이 한 몫 단단히 했다는 것에 대해서는 의심할 여지가 없습니다. 그러나 그 이상의 무엇이 있었던 것은 더 확실해

보입니다. 아마도 몇 만 명 가운데 한 사람쯤은 포드가 성공한 원인을 알고 있지만, 그들은, 그것이 너무나도 간단한 것이어서 입 밖으로 말하기를 망설였을 것입니다. 사실 포드가 한 일을 아주 조금만 관찰해 보아도 그 비결은 쉽게 이해할 수 있는 것들입니다.

헨리 포드는 몇 해 전부터 현재 V8형이라고 알려져 있는 자동차를 개발하려고 결심하고 있었습니다. 그는 8개의 실린더를 하나의 블록으로 통합한 엔진을 만들겠다고 마음먹었던 것입니다. 그는 기술자들에게 그와 같은 엔진의 설계를 하도록 지시했습니다. 8기통의 가솔린 엔진을 하나의 블록으로 통합한다는 것은 누가 보더라도 불가능하다는 것이 기술자들의 일치된 의견이었습니다.

"무슨 일이 있더라도 그것을 꼭 만들어야합니다."

포드는 강력하게 말했습니다. 이에 담당 기사는

"하지만 그건 불가능합니다."

"무조건 착수하는 거야. 그리고 얼마나 시간이 걸리든 상관 없으니, 성공할 때까지 그 일을 계속하시오!"

기사들은 일에 착수했습니다. 포드의 스탭으로 남아있기 위해서는 지시에 따를 수밖에 없었습니다.

그로부터 6개월이 지났습니다. 그러나 그들은 아직 성공하지 못했습니다. 또다시 6개월이 지났지만, 그래도 그들은 성공을 거두지 못했습니다. 작업자들은 해 보면 해 볼수록, 더욱더 불가능한 것처럼 여겨졌습니다. 1년이 다 지날 무렵에도 기사들은 그의 명령을 실행할 방법이 도저히 발견되지 않는다는 것을 포드에게 말했습니다.

"하지만 일을 계속해 주게. 난 그게 꼭 필요하단 말일세. 자네들은 틀림없이 해낼 수 있어."

하고 포드는 계속 말했습니다.

그 후 어떤 일이 일어났을까요? 그렇습니다. 당연히 그 엔진은 조금도 불가능한 것은 아니었던 것입니다. 포드 V8은 이 지상에서 가장 빛나는 자동차가 되었고, 헨리 포드와 그의 회사를 가장 가까운 경쟁자로부터 멀리 떼어 놓았기 때문에, 그들이 포드를 따라 가기까지에는 몇 해나 더 걸렸을 정도였습니다.

포드는 적극적인 마음가짐을 사용하고 있었던 것입니다. 그러므로 당신들도 이와 같은 힘을 사용할 수가 있는 것입니다. 당신이 그것을 사용한다면 포드가 실행한 것처럼 당신의 부적을 바른쪽으로 향하게 한다면, 도무지 생길 것 같지 않은 가능성을 실현시키는데 성공할 수가 있는 것입니다. 당신은 무엇이 필요한 지 그것만 알고 있다면, 손에 넣을 방법은 어떻게든 발견할 수가 있는 것입니다.

25세의 사람이 65세에서 은퇴한다고 하면, 그 사람은 약 10만 시간의 활동 시간을 가지고 있는 셈입니다. 당신의 활동 시간 중 어느 정도가 적극적 마음가짐의 멋진 힘에 의하여 이루어질 수 있을까요? 그리고 어느 정도의 활동 시간이 소극적 마음가짐의 일격을 받고 쓸모 없는 것으로 돼 버릴까요?

그러나 당신은 소극적 마음가짐에서 벗어나 적극적인 마음가짐을 당신의 인생에 어떻게 활용하면 좋을 것인가 생각해 보셨습니까? 어떤 사람은 본능적으로 이것을 사용하고 있는 듯합니다. 포드가 바로 그런 사람들 중의 한 사람이었다고 볼 수 있을 것입니다.

우리는 얼마 동안은 적극적 마음가짐을 사용하지만, 무언인가에 방해되어 그것을 신용하지 않는 사람이 있습니다. 그들은 시작은 좋았지만, 무엇인가의 실패가 그들의 부적의 나쁜 쪽을 위로 향하게 했던 것입니다. 그들은 성공이 적극적인 마음가짐에 의한 노력을 계속해 가는 사람에 의하여 이루어지는 것을 깨닫지 못했던 것입니다.

성공에서 가장 중요한 인물은 바로 나 자신이다

당신 스스로 적극적 마음가짐의 가치를 인정하는 것이야말로, 당신이 이 세상에서 가장 중요한 인물을 만나는 시간입니다.

그 인물이란 도대체 어떤 사람일까요? 물론 그 가장 중요한 인물이란, 당신의 인생에 관해서 말한다면, 바로 당신 자신을 가리키는 것입니다. 당신 자신을 보십시오.

당신이 한편으로는 PMA^{적극적 마음가짐}라고 하는 약어^{略語}, 또 한편으로는 'NMA^{소극적인 마음가짐}'라고 하는 약자가 새겨져 있는, 눈에 보이지 않는 부적을 가지고 있다는 것은 진실이 아닙니까?

그렇다면 이 부적의 힘은 과연 무엇일까요? 네, 그렇습니다. 이 부적은 바로 당신의 마음입니다.

적극적인 마음가짐이란 올바른 마음가짐을 말합니다. 올바른 마음가짐이란 어떠한 것일까요? 그것은 대개의 경우 성실 · 정직 · 희망 · 낙관 · 용기 · 주도성 · 관용 · 인내 · 허점이 없는 것, 친절 · 양식 등의 말로 나타낼 수 있는 '플러스'의 특성으로 이루어져 있습니다.

NMA는 소극적인 마음가짐을 가리키며, PMA와는 정반대의 특성을 가지고 있습니다.

성공한 사람에 대한 연구를 오랜 동안에 걸쳐서 계속해 온 저자는, 적극적인 마음가짐이야말로 성공한 사람 모두가 가지고 있는 하나의 단순한 비결이라고 하는 결론을 얻었던 것입니다.

S.B 풀러가 가난하다고 하는 불리한 환경을 극복하는 데 도움을 준 것은 적극적인 마음가짐이었던 것입니다. 크램 라바인을 야구계에서 가장 위대한 투수로 만들기 위해서, 그 구부러진 손가락의 힘을 이용하여 도운 것도 적극적인 마음가짐이었던 것입니다.

눈에 보이지 않는 부적을 당신을 위해서 활동시키게 하려면 어떻게 하면 좋은가를 당신은 알고 있습니까? 아마도 알고 있을지도 모릅니다. 그렇다면 당신은 자신의 인생이 바라는 것을 가져다 줄 때까지 적극적인 마음가짐을 개발하고 강화시켜 나가야 할 것입니다.

어쩌면 당신은 그것을 모를지도 모릅니다. 그리고 당신은, 자신의 인생에서 적극적인 마음가짐의 마법을 걸 수 있도록 그 힘을 구사할 기술을 배울 필요가 있을 것입니다.

'적극적인 마음가짐의 정체는 무엇인가', 그리고 그것을 당신 속에서 끌어내어 실제로 성공에 이용하려면 어떻게 하면 좋은가 하는 것이 이 책에 씌어져 있습니다.

그것은 가치 있는 성공을 성취하기 위해서 필요한, 이 책에 제시되고 있는 성공의 17가지 원칙 가운데 하나입니다. 성공은 적극적인 마음가짐을 다른 16가지 원칙에 결합시킴으로써 이루어지는 것입니다.

그것들의 원칙을 마스터하십시오. 우선 그 출발로 이 책을 읽고 당신이 이해한 것을 그대로 빠짐없이 하나하나 적용시켜 보십시오. 원칙의 하나하나가 당신 생활의 일부가 됨으로써 당신의 적극적인 마음가짐은 가장 강한 힘을 발휘하게 되는 것입니다.

그렇게 함으로써 당신은 성공·행복·부, 그리고 또 당신의 인생에서 얻고자 하는 것은 무엇이거나 손에 넣을 수 있습니다. 그러한 것들은 자연의 법칙과 타인의 권리를 침해하지 않는 한, 모두 당신의 것입니다.

다음 2장에는 당신의 마음을 언제나 적극적인 상태에 놓아 둘 수 있는 공식이 제시되어 있습니다. 그 공식을 마스터하여 당신이 하는 일이나 희망을 실현시키고자 마음먹고 있는 모든 것에 적용시켜 주시기 바랍니다.

〈지침 1〉 당신이 간직해야 할 생각

1. 이 세상에서 가장 중요한 인물을 만나라! 그 인물이란 바로 당신이다. 당신의 성공·건강·행복·부는 눈에 띄지 않는 부적을 어떻게 사용하는가에 달려 있다는 것이다.

2. 당신의 마음은 눈에 띄지 않는 부적이다. 그 한편에는 PMA^{적극적인 마음가짐}라고 하는 문자가 새겨져 있고, 다른 한 쪽에는 NMA^{소극적인 마음가짐}이라고 하는 문자가 새겨져 있다. PMA는 선善과 미美를 끌어당기는 힘을 가지고 있고, NMA는 그러한 것을 물리친다. 그것은 인생을 살아나갈 가치가 있게 하는 모든 것을 당신으로부터 빼앗는 소극적인 마음가짐이다.

3. 성공하지 못한다고 해서 신을 원망해서는 안 된다. S.B 플러와 같이 당신도 성공에로의 불타는 욕망을 끌어낼 수가 있다. 어떻게 그것이 가능한가? 당신의 마음을 바라는 쪽으로 집중시키고, 당신이 바라지 않는 것으로부터 고개를 돌림으로써 가능하다.

4. 모든 역경은 보다 큰 이익을 낳는 씨앗을 가지고 있다. 역경이라고 보이는 것들이 반대로 훌륭한 기회로 전환되는 일이 종종 있다. 크램 라

바인은 부러진 손가락이 잘 낫지 않았을 때 이를 발견하였다.

　5. 일하는 기쁨이라고 하는 귀중한 선물을 받도록 하라. 인생에서 최고의 가치가 있는, 남을 사랑하고 봉사하는 것을 실천하라.

　6. 소극적인 마음가짐의 반발력을 과소평가해서는 안 된다. 그것은 당신의 행운을 방해할 수 있는 것이다.

　7. 당신은 실망에서도 이익을 얻을 수 있다. 만일 그것이 적극적인 마음가짐에 의하여 사람을 일깨우는 욕구로 전환된다면, 당신의 태도를 바꾸어 실패를 성공으로 전환시켜라.

　8. 개선의 가능성을 실현시켜라. 헨리 포드가 직원들에게 말했듯이, "계속 일하는 것이다!"라고 당신 스스로에게 말하라.

　9. 마음가짐이 당신을 과거인으로 만드는 일이 있어서는 안 된다. 당신이 일단 성공했으나, 불황이라든가 그밖의 바람직스럽지 못한 환경이 손실이나 혹은 패배의 심연으로 몰아넣을 때에도, 다음을 위한 신념을 단단히 가지도록 하라.―성공은 적극적인 마음가짐을 믿고 노력하는 사람들에 의하여 유지되는 것이다.―이것이 파멸을 면하는 길이다.

제2장
자신의 세계를 변화시켜라

    몇 번이라도 인생에서 뜻있는 것을 달성하기 위해서는 성공의 원칙 중 어느 것을 사용해야 할 것인가에는 관계없이 PMA를 적용하는 것은 가장 중요한 조건이 됩니다.

    PMA는 가치있는 목적을 달성시키기 위해서 결합된 성공 원칙을 활동으로 이끄는 촉매입니다. 한편 결과로서 죄나 악을 초래하는 원칙과 결합된 것이 NMA^{소극적인 마음가짐}입니다. 그리하여 슬픔·불행·비극 —죄악·질병·죽음— 은 그 대가입니다.

성공의 17가지 원칙

    다음은 저자가 말하는 성공의 17가지 원칙입니다.
    (1) 적극적인 마음가짐
    (2) 목적의 명확화

(3) '덤'을 달 것

(4) 정확한 사고

(5) 자기 규율

(6) 지도성

(7) 신앙심

(8) 사람에게 기쁨을 주는 성격

(9) 자발성

(10) 열의

(11) 조절된 주의력

(12) 팀웍

(13) 패배에서 배우는 것

(14) 창조적인 비전

(15) 시간과 돈의 예산을 세우는 것

(16) 건강의 유지

(17) 우주의 습성 이용

여기에 든 17가지 원칙은 저자의 독창적인 견해가 아닙니다. 과거 미국에서 성공한 사람들의 인생 경험에서 끌어낸 것에 지나지 않습니다.

만일 당신이 이들 17가지 원칙을 잘 기억해 두어 잊어버리지 않는다면, 당신은 자신의 성공과 실패에 대해서 하나하나 분석할 수 있을 것입니다.

당신의 마음을 적극적으로 유지하기 위한 또 다른 방법은 아직 발견되지 않은 듯 합니다. 지금이야말로 용기를 갖고 자신을 분석해야 합니다. 그리고 당신은 이제까지 이들 17가지 원칙 가운데, 어느 것을 이용해 왔는가, 그리고 어느 것을 무시해 왔는가 하는 것을 살펴보도록 하십시요. 그러면 당신은 지금 자신의 발을 잡아 당기고 있는 것이 무엇인가 정확하게 파악할 수 있을 것입니다.

만일 당신이 PMA를 가지고 있는데도 아직 성공하지 못했다고 한다면, 그것은 특정한 목표를 달성하기 위해서 PMA와 결합시킬 필요가 있는, 원칙의 어느 것인가를 이용하지 않았기 때문인지도 모릅니다.

S.B 풀러, 크램 라바인, 나무꾼, 그리고 헨리 포드의 이야기를 검토한 뒤에 그 한 사람 한 사람이 이 성공의 17가지 원칙 중 어느 것을 이용하고, 또는 이용하지 않았는가를 잘 인식해 보기 바랍니다.

다음 각 장에서 나오는 사례를 같은 방법으로 적용해 보십시요. 그리고 이 17가지 원칙 중에 어느 것이 이용되었는가, 그리고 어느 것이 배제되었는가 하는 것을 자문해 보십시요.

처음에는 이 원칙을 이해하고, 또 그것을 적용하기가 어려울지도 모릅니다. 그러나 이 책을 계속 읽어나가는 동안에 그 하나하나를 보다 뚜렷이 이해할 수 있게 될 것입니다. 그리고 여러분이 이 책의 5부까지 읽었다면, 당신은 자기 자신을 정확하게 체크할 수 있을 것입니다.

거기에는 '성공 계수 분석표'라고 하는 자기 분석표가 있으므로, 스스로 시험해 보시기 바랍니다.

무엇이 당신을 섭섭하게 했는가

'PMA—성공의 과학' 코스를 수강하는 사람들은 대개의 경우, 자기는 인생의 패배자라고 스스로를 비하하고 있습니다. 수강생이 교실에 들어오자마자, 맨 처음으로 던지는 질문은

"여러분은 어째서 이 코스를 수강하게 되었습니까? 왜 여러분은 자신이 희망하는 걸 성공하지 못했습니까?"

하는 것입니다.

그리고 그들이 대답한 그 이유라고 하는 것이 대부분 실패의 원인에 대한 비관적인 이야기뿐입니다.

"나는 출세할 기회라곤 거의 가지지 못했습니다. 우리 아버지는 알코올 중독자였죠."

"나는 빈민촌 출신입니다. 새삼스레 발버둥친다고 해서 될 일이 아닙니다."

"나는 초등학교 밖에 나오지 못했습니다."

이와 같은 사람들은 요컨대, 세상으로부터 불공평한 대우를 받았다고 입을 모아 말하는 것이었습니다. 그들은 타의에 의해서, 아니면 환경이 자기 인생을 실패의 원인인 것처럼 원망하고 있습니다. 그들은 가문이나 현재의 처지를 불행의 원인이라고 생각하고 있습니다. 또한 그들은 소극적인 마음가짐으로 삶을 체념한 채 살아가고 있습니다. 이런 마음가짐에 핸디캡이 따르는 것은 당연한 일입니다. 그러나 그들을 억누르고 있는 것은 그들이 실패의 원인이라고 생각하고 있는 외부적인 핸디캡이 아니라, NMA소극적인 마음가짐 때문인 것입니다.

아이로부터 배운 교훈

어느 토요일 아침, 한 목사님이 어려운 여건 하에서 설교 준비를 하고 있었습니다. 그때 목사의 아내는 장을 보기 위해 외출하여 집에 없었고

비까지 내리고 있어 그의 어린 아들은 밖에서 놀 수가 없었으므로 목사인 아버지에게 와서 매달리며 귀찮게 굴었습니다.

그러자 목사는 곁에 있던 오래 된 잡지를 뒤적이다 아름다운 색으로 그려져 있는 그림을 보았습니다. 그것은 세계지도였습니다.

목사는 그 지도를 잘게 찢어 거실 책상 위에 뿌려 놓고는

"조니, 이걸 본래대로의 지도로 맞추어 보려무나. 제대로 맞추면 25센트를 주겠다."

목사는 어린 조니가 오전 내내 그 일에 시간을 빼앗기리라고 생각했습니다. 그런데 겨우 10분도 채 안 되어 아들은 조각을 다 맞추어 목사의 서재로 들어왔습니다. 목사는 이처럼 종잇조각을 정리하여 본래대로의 지도로 맞춘 것을 보고 입이 딱 벌어진 채 다물지 못할 만큼 놀랐습니다.

"아니 어떻게 이처럼 빨리 했니?"

"그까짓 거 누워 떡먹기예요. 뒤에 사람 그림이 있었거든요. 전 종이를 모두 뒤집어서 맞추었어요. 그래서 사람 모양을 바르게 맞추면 세계지도 역시 바르게 될 것이라고 생각했어요."

하고 조니는 말했습니다.

목사는 빙그레 웃으며 조니의 작은 손에 25센트를 쥐어주었습니다. 그리고 말했습니다.

"너는 아버지인 나에게 내일 설교할 재료를 가르쳐 주었구나. '그 사람이 바르면, 그의 삶의 세계도 바를 것이다.' 이런 설교란다."

이 이야기에는 큰 교훈이 담겨 있습니다. 만일 당신이 살고 있는 세상에 대해서 불행하다고 생각하고 있다면, 그리하여 그 세계를 바꾸고 싶다는 욕망을 갖고 있다면, 그 출발은 당신 자신이 시작해야 합니다. 당

신의 삶이 바르다면, 당신의 인생도 밝고 명랑할 것입니다.

이것이 PMA가 뜻하는 것의 전부입니다. 적극적인 마음가짐을 가질 때, 당신이 바라는 세계에 관한 문제는 해결될 수 있습니다.

당신은 태어날 때부터 챔피언이다

당신은 자신이 태어나기 전에 이미 승리를 거둔 싸움에 대하여 생각해 본 적이 있습니까?

유전학의 권위자, 앰럼 샤인펠드는

"냉정하게 자신의 일을 생각해 보십시오. 이 세상에서 당신과 꼭 같은 사람도 없었고, 또 앞으로 다가올 미래에서도 결코 태어날 리 없을 것입니다."

하고 말했습니다.

그러므로 당신은 특별한 사람입니다. 무엇보다도 당신을 이 세상에 내보내기 위해서 승리로 종결짓지 않으면 안 되는 수많은 투쟁이 있었다는 것을 생각해야 합니다. 그것은 몇 억이라고 하는 정자의 세포 중에 단 한 개의 정자만이 승리를 거두었던 것입니다.

오직 한 개의 정자가 당신을 탄생시킨 것입니다. 한 가지 목표, 즉 작은 핵核을 가지고 있는 귀중한 난자에 도달한다고 하는 것은 대단한 경쟁입니다. 정자가 경쟁한 이 목표는 바늘 끝보다도 더욱 작은 것입니다.

정자精子는 몇 천 배로 확대하지 않으면, 육안으로는 보이지 않을 정도로 작습니다. 따라서 당신의 생명에서 가장 결정적인 투쟁은, 이미 이와 같은 미묘한 세계에서 벌어진 일이었습니다.

수백 만에 이르는 정자의 머리에는 귀중한 24개의 염색체가 들어있습니다. 이 염색체는 단단히 이어져 있는 고리 모양의 원형으로 되어있는데, 정자 속에 있는 염색체는, 당신의 아버지와 그 조상으로부터 이어진 일체의 유전적 물질을 내포하고 있습니다.

또다른 난핵卵核 속에 있는 염색체는 당신의 어머니와 조상으로부터 계승한 특성을 포함하고 있습니다. 당신의 아버지와 어머니는 20억년 이상에 걸친 생존 경쟁의 승리의 극점을 상징하는 존재입니다. 그때 가장 강하고 가장 건강한 승리자가 된 한 개의 특정한 정자가, 작은 생명을 가진 또 하나의 세포를 만들고자 대기하고 있던 난자와 결합하는 위대한 모험입니다.

당신은 이미 앞으로 끊임없이 직면하지 않으면 안 되는 최악의 조건을 극복할 챔피언이 된 것입니다. 이 세상을 살아가는 실제적인 목적을 위해서 당신은 자기의 목표를 달성하는 데 필요한 모든 잠재능력과 체력을 과거의 위대한 축적 속에서 이어받은 것입니다.

당신은 챔피언이 되기 위해서 태어났습니다. 그리고 어떠한 장해나 난관이 앞길에 가로 놓여 있을지라도, 그런 것은 당신이라고 하는 존재가 이루어진 처음 순간에 이미 극복되어 온 장해나 난관의 백분의 일도 못될 정도의 것입니다. 이렇듯 승리는 처음부터 비장되어 있었던 것입니다.

겁 많은 소년이 적극적인 마음가짐을 가지다

미국에서 가장 존경받은 판사의 한 사람인 어빙 벤 쿠퍼의 소년 시절의 예를 들어보겠습니다.

벤은 미주리주의 세인트 조세프 빈민굴 근처에서 자라났습니다. 그의 아버지는 거의 수입이 없을 정도의 가난한 이민 온 재단사였습니다. 식량이 떨어지는 날이 하루이틀이 아니었습니다.

벤은 그들의 작은 집을 따뜻하게 하기 위해서 석탄 바구니를 들고 집 근처의 철로변까지 걸어가곤 했습니다. 거기서 그는 석탄을 주우려고 생각했던 것입니다. 그런 일을 하지 않으면 안 되는 벤을 무척 난처하게 만들었습니다. 그것은 학교에서 돌아오는 아이들에게 들키지 않으려고 뒷길로 돌아서 가는 일이 한두 번이 아니었기 때문입니다.

하지만 그는 자주 아이들에게 들키곤 했습니다. 특히 벤이 철로변에 석탄을 주어 집으로 돌아올 때 도중에 숨어있다가, 그를 때려주는 것을 재미로 삼고 있는 불량 소년들이 있었습니다. 그들은 벤이 애써 주운 석탄을 길바닥에 뿌려 벤을 울면서 집으로 돌아가게 하였습니다. 그리하여 벤은 거의 매일을 불안과 자기 혐오에 시달려야 했습니다.

그러나 우리가 패배라고 하는 틀을 타파할 기적과 같은 어떤 일이 일어나게 하는 것이 삶과의 투쟁입니다. 내 안에 내재해 있는 승리는 준비가 갖추어질 때까지 그 존재를 주장하는 일은 없습니다.

우연한 기회에 벤은 한 권의 책을 읽음으로써 적극적인 행동으로의 의욕을 고무받을 수 있는 기회가 주어졌습니다. 그 책은 호레이셔 알저의『로버트 커데일의 투쟁』이라고 하는 모험담입니다.

벤은 그 책에서 큰 적을 만났지만, 용기와 도덕적인 힘을 가지고 상대방을 이긴 벤의 처지와 아주 닮은 소년의 모험담을 읽은 것입니다. 이 용기와 도덕적인 힘이야말로 벤이 가지고 싶고 바라던 것이었습니다.

벤은 학교 도서관에서 호레이셔 알저의 책을 빌려 모두 독파했습니다. 책을 읽고 있는 동안에 그는 자기가 영웅의 역할을 맡고 있는 듯한 기분이었습니다. 겨울 동안 내내 추운 부엌 바닥에 앉아서 용기와 성공의 이야기를 읽었습니다. 그리하여 무의식중에 '적극적인 마음가짐'을 흡수해 갔던 것입니다.

벤이 알저의 책을 읽고, 몇 달이 지난 뒤 다시 철도변의 석탄 줍기가 시작되었습니다. 벤은 먼 곳으로부터 건물 뒤로 몰래 다가오는 그림자를 발견했습니다. 이때 벤의 머리를 스치고 지나간 것은 이대로 되돌아 도망칠까 하는 생각이었습니다. 그러나 그는 자신이 책을 읽고 감탄한 그 영웅적인 소년의 용기를 떠올렸습니다. 그는 손에 들고 있던 석탄 바구니를 꽉 잡고, 마치 자기가 알저의 영웅이나 된 듯이 곧장 앞으로 걸어나갔습니다.

그것은 사투였습니다. 세 악동이 동시에 벤에게 덤벼들었습니다. 벤은 바구니를 내던지고, 눈이 휘둥그레질 정도의 결의로 그들의 팔을 뿌리치기 시작했습니다. 벤의 오른팔은 상대 소년의 입술과 코에, 왼팔은 그의 배에 정확하게 명중했습니다.

벤이 놀란 것은 상대편이 싸움을 그만두고 뒤로 돌아서서 도망치는 모습을 발견한 것입니다. 나머지 두 소년은 한 걸음 물러서서 벤을 때리든가 발로 차려고 공격의 틈새를 노렸습니다. 순간 벤은 날렵하게 몸을 날려 다른 한 소년을 쓰러뜨렸습니다. 쓰러진 소년 위에 말타기를 한 뒤 미친 듯이 배와 턱에 연속적인 펀치를 먹였습니다. 이제 남은 것은 한 소년뿐이었습니다. 그가 우두머리였던 것입니다. 그는 벤의 머리를 향해 달려들었습니다. 벤은 재빨리 몸을 피하고 딱 버티고 마주 섰습니다. 잠깐 동안 두 소년은 선 채로 서로를 노려보았습니다.

마침내 우두머리는 슬금슬금 물러나더니 달아났습니다. 벤은 석탄

덩어리를 집어들고 도망치는 소년을 향해 힘껏 내던졌습니다.

벤의 코에서도 코피가 흘러내리고 있었고, 상대의 펀치와 발길질로 몸 여기저기에 검고 푸른 멍이 들어있습니다. 그것은 그럴만한 가치가 있는 상처였습니다. 오늘은 벤의 생애에서 참으로 멋진 날이었습니다. 그 순간에 그는 불안을 극복했던 것입니다.

사실 벤 쿠퍼는 강해져 있었던 것은 아닙니다. 그럼에도 불구하고 그의 공격은 강렬한 것이었습니다. 이 차이는 벤 자신의 마음가짐에서 나온 것입니다. 그는 두려움을 극복하고 위험에 대항했던 것입니다.

그는 마침내, 더 이상 그들에게 괴롭힘을 당할 수 없다고 단호하게 결심했던 것입니다. 앞으로도 그 스스로 자기의 세계를 일변시키려는 첫걸음을 내디딘 것입니다. 물론 그의 결심대로 되었던 것입니다.

성공의 이미지와 당신 자신을 일치시켜라

벤은 자기 스스로 자신의 정체를 분명하게 했습니다. 그날 그가 철로 길에서 세 명의 악동들과 싸웠을 때 두려움에 떠는 영양실조의 벤 쿠퍼로서 싸웠던 것은 아닙니다. 로버트 커데일이나 그의 호레이셔 알저의 책에 나오는 용감한 영웅으로서 싸웠던 것입니다.

성공의 이미지와 당신 자신을 일치시키는 일은, 오랫동안 PMA가 그 사람의 인격 속에서 쌓아 온 의구심과 두려움과 패배라고 하는 습관을 깨부수는 것을 원조하는 일입니다.

당신의 세계를 변화시키기 위한 또 하나의 중요한 기술은, 당신 스스로 올바른 결심을 하도록 자신을 고무해 주는 이미지에 일치시키는 일입니다. 그 이미지는 당신에게 있어서 뜻있는 슬로건이나 그림, 그밖의 기호로 나타납니다.

당신의 세계를 일변시키는 다른 중요한 성분은 성공의 17가지 원칙 중 하나인 뚜렷한 목적을 가지는 일입니다.

적극적인 마음가짐과 결합된 뚜렷한 목적은 가치있는 모든 성공의 출발점입니다. 되풀이하여 말할 것 같으면, 모든 성공의 출발점은 PMA와 목적의 명확성이라고 단정할 수 있습니다. 이런 사실을 잘 기억해 두고, 자기의 목표가 무엇인가 하는 것을 자문해 보기 바랍니다. 도대체 나는 무엇을 바라고 있는가 하는 것을 스스로에게 물어보도록 합시다.

우리나폴레온 힐 / 클레멘트 스톤가 창안한 'PMA—성공의 과학' 코스를 수강하는 사람들을 기준으로 하여 생각해 본다면, 자신들의 삶에 불만을 품고 있는 사람 1000명 가운데 100명 정도는 자신이 바라고 있는 세계에 관해서 뚜렷한 목표를 마음속에 그리고 있지 않은 것으로 짐작됩니다.

이 대목을 잘 생각해 보시기 바랍니다. 이것저것 많은 일에 노력을 기울이면서도 뚜렷한 목표가 없기 때문에 그 무엇 한 가지도 만족할 수 없고, 아무런 목적도 없이 일생을 살아가는 사람의 경우를 생각해 보십시오. 그렇다면 당신은 자신의 생애에서 무엇을 바라고 있는가를 명확하게 대답할 수가 있습니까?

뚜렷한 목적을 갖고 인생의 목표를 정한다고 하는 것은 쉬운 일이 아니며, 그것은 어느 정도 괴로운 자기 시련일지도 모릅니다. 그러나 이것은 어떠한 희생이 따르더라도 해야 할 가치가 있는 것입니다. 당신이 목표를 세운다면, 곧 많은 이익을 얻을 수 있음을 기대할 수 있습니다. 이런 이익들은 거의 자동적으로 찾아옵니다.

(1) 첫째 가는 큰 이익은 당신의 잠재의식을 통해서 '마음 속에서 생각하고 믿는 것을 마음이 그것을 달성시켜 주는 법이다.'고 하는 우주의 법칙에 의해 이루어진다는 것입니다. 당신은 자신이 의도하는 목표를 마음 속에 그리게 되므로 잠재의식은 자기 암시에 따라서 움직인다는 것입니다. 그것이 당신을 도와서 목표에 도달할 수 있도록 작용하게 됩니다.

(2) 당신은 스스로 바라고 있는 것이 무엇인지를 깨닫고 있으므로, 당신에게 올바른 길로 나아가게 하는 판단력을 터득하게 됩니다.

(3) 비로소 일의 즐거움을 깨닫게 됩니다. 당신은 그 대가를 얻도록 동기가 부여됩니다. 이제 당신은 시간과 돈에 대해서 예산을 세웁니다. 당신은 여러가지로 연구하고 생각하며 계획을 세웁니다. 당신의 목표에 관해서 더욱 열의을 갖게 됩니다. 그리고 당신의 열망은 타오르는 욕구로 바뀌어 갑니다.

(4) 당신의 목표를 달성하는 것을 도와주는 지식을 일상생활의 경험을 통해 잘 포착할 수 있게 됩니다. 당신이 바라고 있는 것이 무엇인가를 알고 있기 때문에 성공의 기회를 보다 잘 인식되게 되는 것입니다.

이상과 같은 네 가지 이익은 다음에 소개할 《레이디스 홈 저널》의 발행인이 된 에드워드 보크의 경험이 좋은 사례가 될 것입니다.

에드워드 보크는 어린 시절 양친과 함께 네덜란드에서 미국으로 이민 온 소년입니다. 그는 성장하여 잡지를 발행해 보리라고 마음속 깊이 다짐하고 있었습니다.

그와 같은 특정한 목표를 가지고 있었기 때문에, 대개의 사람들이 깨닫지 못하고 지나쳐 버리는 사소한 일들까지도 잘 포착하여 자기 것으로 만들 수 있었습니다.

그는 한 사나이가 담뱃갑을 열고 그 속에서 길쭉한 종이 쪽지를 꺼내어 책상 위에 버리는 것을 보았습니다. 보크는 그 버려진 종이 쪽지를 주웠습니다. 그것은 어느 유명한 여배우의 흑백 사진이었습니다. 이것은 배우 사진 시리즈 가운데 한 장이라고 하는 설명이 붙어있었습니다. 담배를 사는 사람이 시리즈 사진을 모두 모았다고 하는 기분이 되는 것을 노린 것이었습니다. 보크는 그 종이 쪽지를 뒤집어 보고, 뒷면이 아무것도 쓰여 있지 않은 백지인 것을 알게 되었습니다.

보크의 마음속은 늘 하나의 목표로 가득차 있었으므로, 거기에도 하나의 기호가 있다는 것을 느꼈던 것입니다. 그는 아무것도 씌어있지 않은 뒷면에 사진 인물의 대한 간단한 설명을 써 넣도록 하면 매상이 오르지 않을까 하는 생각을 했던 것입니다. 그는 그 사진을 인쇄한 작업장을 찾아가서 담당자에게 자기의 아이디어를 설명했습니다.

공장지배인은 그 자리에서 다음과 같이 말했습니다.

"만일 자네가 백 명의 유명한 미국인에 관해서 백 마디의 말로 전기를 써 준다면, 한 장에 1달러씩 주겠네. 대통령이나 유명한 군인·배우·작가, 그밖의 사람으로 분류한 리스트를 작성하여 내게 보내주게."

이것이 에드워드 보크에게 주어진 최초의 문필 작업이었습니다. 하지만 그의 이 짧은 전기의 평판이 너무나도 좋아 급증하는 수요를 감당하기 위해 5명의 기자를 고용하는 당당한 발행인이 되었던 것입니다.

우리가 지금까지 이야기해 온 사람들은 저절로 행운이 굴러들어와서 성공하게 된 것이 아니라고 하는 사실에 주의하기 바랍니다. 처음 에드워드 보크나 쿠퍼 판사에 있어서, 그들의 세계는 결코 특수한 것의 아니었던 것입니다. 두 사람 모두는 자기 주위에 있는 소재를 발견하고 스스로 만족할 만한 세계를 개척해 갔던 것입니다. 그리고 자기 자신 속에 숨어 있는 많은 재능을 개발함으로써 성공의 미학을 찾아낸 것입니다.

누구나 문제를 해결할 수 있는 재능을 가지고 있다

　인생은 결코 막다른 골목에 다다르게 한 채 버려두는 것이 아니라는 점에 주의를 기울이는 것은 흥미있는 일입니다. 만일 인생이 우리에게 삶의 문제를 제시해 준다고 하면, 동시에 그 문제를 해결할 능력도 주고 있다는 것입니다. 물론 우리의 능력은 그것을 사용하게 도운 동기가 무엇인가에 따라서 다릅니다. 비록 당신이 건강한 사람이 아닐지라도, 그런 것과는 관계없이 당신은 행복한 인생을 보낼 수 있습니다.

　당신이 건강하지 못하다고 하는 것은 극복할 수 없을 정도의 결점이 되는 것이 아닐까 하고 걱정할지도 모릅니다. 만일 그것이 틀림없다면, 지금 소개하는 미로 존스의 경험에 용기를 가져보기 바랍니다. 미로는 몸이 건강했을 때, 재산 따위에는 관심이 없었습니다. 그가 몸이 아프게 되었을 때, 이미 그는 인생의 낙오자로 전락하는 시기였습니다.

　지금부터 그의 고난의 경험을 말하겠습니다.

　존스가 아직 건강했을 무렵, 그는 평범한 농부로 위스콘신 주의 포오트 애트킨슨 근처에서 작은 농장을 경영하고 있었습니다. 그러나 어찌된 영문인지 가족의 최소한의 생활비 이상으로 농사 수입을 올릴 수가 없었습니다. 그와 같은 가난한 생활이 몇 해 동안 계속되었습니다. 그러다가 갑자기 어떤 일이 일어났던 것입니다.

　존스는 전신마비로 병석에 눕게 되었던 것입니다. 이제 남아 있는 것이라고는 만년에 이르러 무능력자가 되어버린 환자로 전락한 것입니다. 그는 간신히 몸을 놀릴 수 있을 뿐이어서 가족들은 희망 없는 병자로서 불행한 가운데 삶을 끝날 것이라고 모두들 믿고 있었습니다.

만일 그 이상의 기적같은 일이 일어나지 않았다면, 그는 그렇게 되었을지도 모릅니다. 그러나 그는 그 어떤 일을 일어나게 했던 것입니다. 마침내 어떤 일이 그에게 위대한 업적과 경제적 성공을 달성시켜준 행복을 선물하게 되었던 것입니다.

이와 같은 변화를 가져오게 하기 위해서 존스는 도대체 무엇을 이용했던 것일까요?

그것은 그의 마음이었던 것입니다. 그의 육체는 전신마비였습니다. 그러나 그의 마음은 아무런 지장도 없었습니다. 그에게는 생각할 수 있는 정신력이 있었습니다. 그래서 그는 새로운 출발로 계획을 세우던 중 한쪽에 PMA, 다른 한쪽에 NMA가 새겨져 있는 마법의 부적을 몸에 지닌, 이 세상에서 가장 중요한 인물이 자기 자신이라는 것을 깨달은 것입니다.

적극적인 마음가짐이 부를 끌어당긴다

존스는 적극적인 마음가짐을 병든 육체에 지니는 목표를 선택했습니다. 그는 희망에 찬 낙천적이고 행복한 사람이 될 것을 결심하고, 현재의 고통스런 처지에서 올바르게 출발함으로써 창조적인 사고를 현실의 것으로 전환시키는 길을 선택한 것입니다.

그는 쓸모있는 인간이 되고 싶다고 마음먹었습니다. 그러나 그는 어떻게 하여 그 불리한 입장을 유리한 입장으로 바꿀 수가 있었던 것일까요? 그는 중대한 문제를 막바지까지 파고 들어갔습니다. 그리고 그는 해답을 발견했던 것입니다.

그 첫번째로 그는 자기에게 행복을 가져다 주는 일이 무엇일까 하는 것을 생각해 보았습니다. 그는 자기 자신이 다른 사람들로부터 감사 받을 만한 것을 많이 가지고 있는 존재라는 것을 발견했습니다. 그는 주위 사람들로부터 감사를 받게 될 것이라고 하는 것에서, 장래에 자기가 받을 수 있는 부수적인 행복은 무엇일까 하는 것을 추구해 갔습니다.

그리하여 존스는 마침내 정신적 활동으로 새로운 삶의 텃밭을 가꾸기로 결심했습니다.

그는 가족들에게 계획을 털어놓았습니다.

"나는 내 스스로 손을 써서 일할 수 없는 병자야."

하고 그는 입을 열기 시작했습니다.

"그래서 나는 내 마음을 이용해서 일할 것을 결심했어. 너희들 하나하나가 나와 같은 마음이 되어준다면 너희들은 내 손발이 될 수 있으리라고 생각해. 그래서 하는 말인데, 우리 농장에서 경작할 수 있는 곳에 모두 옥수수를 심도록 했으면 어떨까 한다. 그리고 돼지를 길러서 옥수수를 사료로 먹이면 될 거야. 아직 어려서 고기가 연할 때에 그 돼지를 잡아서 소시지를 만드는 거다. 그런 다음 상표를 붙여 전국 소매점에다 파는 거다."

그리고 그는 다음과 같이 말하면서 흡족한 듯이 웃었습니다.

"그건 핫케이크처럼 팔릴 거다!"

그의 가족들은 정말 핫케이크와 같이 그것을 팔았던 것입니다. 2, 3년 후에 '존스 리틀 빅 소시지'라고 하는 상표는 일반 가정에서 통용되는 소시지의 대명사가 되었습니다. 그리하여 마침내 존스 리틀 빅 소시지는 전국 남녀노소의 식욕을 돋구는 식품이 되었던 것입니다.

무엇보다도 존스 자신은 백만장자가 될 때까지 행복하게 살았습니다. 그는 적극적인 마음가짐에 의하여 그 이상의 어떤 일을 달성시켰던 것입니다. 그것은 그가 자신의 부적을 PMA쪽으로 돌렸기 때문입니다. 이와 같이 하여, 그는 육체적으로는 핸디캡을 가지고 있었지만, 행복한 사람이 되었던 것입니다.

당신은 자기 자신의 실패를 세상 탓으로 돌린 일은 없습니까? 만일 지금도 그와 같은 마음을 가지고 있다고 한다면 조용히 다시 한번 생각해 보시기 바랍니다. 문제는 이 세상에 있었던 것일까, 그렇지 않으면 당신 자신 속에 있었던 것일까?

결론을 얻었다면 단호하게 성공의 17가지 원칙을 배울 일입니다.

이 17가지 원칙은 다른 몇 백 명의 사람들에게서 매일 효과적으로 작용하고 있는 것과 같이, 당신에게 있어서도 효과적인 작동을 하는 것이라는 점을 마음 속으로부터 확신해 주기 바랍니다.

〈지침 2〉 당신이 간직해야 할 생각

1. 당신은 자신의 세계를 변화시킬 수가 있다. 이 세상에서 가치있는 무엇인가를 달성하기 위해서 당신의 눈에 보이지 않는 부적 PMA를 사용하라.

2. 성공의 17가지 원칙을 당신의 마음 속에 확고하게 새겨 두어라.

3. 당신에게는 '세상을 원망하는' 경향이 있는가? 만일 그렇다고 하면, 다음의 말로써 새로운 생활의 동기를 만들 것을 명심해 두어라. '내

가 올바르면, 세상도 올바른 것이다.'

4. 당신은 태어날 때부터 챔피언이다. 모든 실제적인 목적을 위해서 당신은 자기의 목표를 달성하는 데 필요한 잠재능력과 체력을 과거의 거대한 축적 속에서 이어받고 있는 것이다.

5. 벤 쿠퍼가 그러했듯이 성공의 이미지와 당신 자신을 일치시켜라.

6. 당신의 이미지는 당신에게 무엇이라고 속삭이고 있는가? 그 답을 들어라.

7. PMA와 결합된 목적의 확고한 가치는 성공의 출발점이다. 당신은 몇 가지의 특정한 목표를 이미 결정하고 있는가?

8. 당신이 뚜렷한 목적을 정했다면, 그에 따라서 몇 가지 부수적인 성공 원리가 자동적으로 작용하기 시작할 것이다.

9. 인간은 누구나 자신의 특별한 문제를 해결할 수 있는 재능을 가지고 있다. 그렇다면 당신 스스로가 자신의 삶을 향상시킬 수 있는 어떤 특별한 재능을 가지고 있다고 생각하는가?

10. 다음은 많은 사람들이 자신의 세계를 일변시키는 것을 도와 온 공식이다. '마음으로 생각하고, 믿을 수 있는 것은 그 마음이 달성시킬 수가 있다.' 당신은 이 공식을 마음 속에 새겨 놓았는가?

제3장
자신의 정신력을 향상시켜라

당신은 육체를 가지고 있는 정신의 소유자다

당신은 육체를 가지고 있는 정신의 소유자이므로 신비한 힘, 이미 알고 있는 힘과 미지의 힘을 가지고 있습니다. 당신의 마음 속에 잠재하는 이 신비스러운 힘을 적극적으로 연구하십시오. 그 이유를 설명하겠습니다.

그 힘을 발견하면, 그것은 조금이라도 빠를수록 바람직합니다만, 첫째 심신의 건강·행복·부, 둘째 일의 성공, 셋째 당신이 이미 깨닫고 있는 힘과 아직 깨닫지 못한 힘에 작용하여, 그것을 이용하고 지배하고 언제나 쓸 수 있는 비상용으로 마련해 두는 방법 등을 터득하게 될 것입니다.

적극적이면서도 철저하게 이 미지의 정신력을 연구해 보십시오. 이 미지의 힘은 인용하는 방법을 배우자마자, 당신은 그것을 활용할 수 있는 지혜를 갖게 됩니다. 그것은 어려운 일이 아닙니다. 처음으로 텔레비전 채널을 맞추는 정도 만큼 손쉬운 것입니다.

어린아이들은 자기가 좋아하는 프로그램에 텔레비전 채널을 맞출 수는 있지만, 방송국의 설비나 수신기의 구조, 기술에 대해서는 아무것도 모릅니다. 어린이가 알고 있지 않으면 안 되는 것은 어떻게 채널을 돌리고 혹은 어느 단추를 누르면 좋아하는 프로그램이 화면에 나타나느냐 하는 것만으로 충분하기 때문입니다.

당신은 이 장에서 일찍이 만들어진 것 가운데서 가장 정교한 인간이라고 하는 생물학적 기계로부터, 당신이 바라는 것을 끌어내기 위한 올바른 채널 회전법과 단추 누르는 법을 배울 것입니다.

무엇보다도 이 특수한 기계는 신이 만든 최대의 걸작품입니다. 당신도 이 기계를 가지고 있다는 점입니다. 그렇다면 이 기계의 구조는 어떻게 되어 있을까요? 이 기계는 80조兆 이상의 세포로 구성되어 있습니다. 그러므로 당연히 수 많은 부품이 있습니다. 그리고 어느 부품이거나 그것 자체가 하나의 정교한 기계라는 사실입니다.

그 가운데 하나는 전류를 전달하는 뛰어난 성능을 가진 부품이지만, 그 무게는 겨우 50온스약 1.4kg에 지나지 않습니다. 그 기구는 백억 이상의 세포로 만들어져 있어서 발전·수신·기록·에너지 전달 등의 일을 하고 있습니다.

당신이 가지고 있는 이 놀라운 기계란 무엇일까요? 그것은 당신의 신체의 일부입니다. 가령 당신이 팔 하나를 잃거나, 혹은 한쪽 눈을 잃거나, 불의의 사고로 신체를 손상당하는 일이 있더라도 당신이라는 존재에는 변함이 없고, 장래에 당신 이외의 또 다른 사람으로 바뀌는 것 같은 일은 일어나지 않을 것입니다.

그러면 이렇듯 뛰어난 성능을 가진 전기 부품이란 무엇을 가리키는 것일까요? 그것은 바로 당신의 두뇌입니다. 이 부품이 당신의 신체를 통제하고, 이 부품이 있음으로써 당신의 마음은 작용하는 것입니다.

그리고 당신의 마음속에도 부품이 있습니다. 그 중에 하나는 의식이고, 다른 하나는 잠재의식입니다. 이 두 가지는 동시에 작용합니다. 공동 작업을 하는 것입니다. 과학자나 심리학자들은 마음속에 의식되고 있는 면에 관해서는 매우 많은 것을 알고 있습니다.

하지만 잠재의식이라고 하는 미지의 영역 탐구에 착수한 것은 불과 백 년에 불과합니다. 그러나 원시인들은 인류의 역사가 시작되었을 무렵부터 잠재의식의 신비스런 힘을 교묘하게 이용해 왔습니다. 현재에도 호주의 원주민이나 다른 미개민족들 사이에서는 이것이 크게 작용하고 있습니다.

의식적 암시의 힘

호주 시드니에 사는 빌 마콜이라는 사람의 체험담을 통해 패배와 절망을 딛고 성공한 이야기를 알아보겠습니다.

빌 마콜이 독립하여 자기의 사업인 피혁업을 시작한 것은 그가 19세 때의 일이었는데, 이 사업은 실패로 끝났습니다. 21세 때 국회의원 선거에 입후보하였으나 실패했습니다. 그리고 이 밖에도 몇 차례에 걸쳐 실패를 경험하였지만, 이 젊은 호주인은 그 때문에 좌절하는 일없이 더욱 분발했던 것입니다.

빌 마콜은 어떻게 해서라도 부자가 되어 보겠다고 마음먹었습니다. 그리하여 사람을 분발하게 해주는 책을 읽으면 돈을 벌 수 있는 법칙을 찾아낼 수 있으리라고 생각하고 도서관에서 마침내 『연구하라, 그러면 부자가 될 수 있다』라는 책을 발견하였습니다.

빌 마콜은 그 책을 빌려서 세 번이나 거듭 읽었습니다. 그러나 세계의 대부호들이 실행하여 성공한 원리를 그 자신의 경우에 어떻게 적용하면 좋은 지, 도무지 그 방법을 알 수가 없었습니다.

이에 관련하여 빌 마콜은 훗날 자기 제자에게 다음과 같이 말했습니다.

"내가 이 책을 네 차례나 되풀이해서 읽고 있었을 때였네. 어느날 시드니 거리를 어슬렁거리다가 문득 어떤 생각이 머리에 떠올랐는데, 그것은 정말이지 갑작스런 일이었다네. 마침 한 정육점 앞에 멈추어 서서 진열장에 눈길을 보내는 순간이었는데, 나도 모르게 '이거구나! 이제 알게 되었다!' 하고 외쳤다네. 너무나도 흥분하였기 때문에 내 스스로 놀랐지. 지나가던 부인도 눈이 휘둥그레져서 발길을 멈추고 어처구니 없다는 듯한 얼굴로 나를 바라보았을 정도였으니까. 나는 이 새로운 발견을 마음속으로 되뇌이면서 날을 듯이 집으로 달려갔다네. 아무튼 그때는 책 내용 중 '자기 암기'라는 내용을 읽고 있을 때였는데, 거기에는 잠재의식에 영향을 주는 방법이라고 하는 부제가 붙어 있었지. 그리고 내가 아직 소년이었을 때, 아버지께서 '의식적 자동암시에 의한 자기 지배'라고 하는 에밀 쿠에의 팸플릿을 큰 소리로 읽으며 들려 주시던 일을 지금도 기억하고 있다네."

다음은 빌 마콜이 저자 나폴레온 힐에게 들려준 말입니다.

"만일 에밀 쿠에가 의식적 자동암시에 의하여 사람들에게 건강을 주고, 병을 고치는데 성공했다고 하면, 재산이라든가 그밖의 무엇이든 사람의 욕망을 성취시키기 위해서도 자기 암시를 활용할 수 있을 것이라고. 특히『연구하라, 그러면 부자가 될 수 있다』라고 하는 책에서 '자기 암시를 활용하여 부자가 되라'는 내용은 나에게 새로운 사고 방법을 제시해 주었습니다."

빌 마콜은 그리고 나서 그 원리를 말했는데, 마치 그 책에 씌어져 있는 것을 모두 암기라도 하고 있는 것 같았습니다.

"의식적 자기암시는 마음에 강한 영향을 주는 효과가 있습니다. 이것을 선용하여 창조성 있는 생각을 적극적으로 잠재의식에 전달해 줄 수가 있지요. 그러나 자칫 잘못하다가는 의식적 자기암시 때문에 풍요한 화원과도 같은 마음에 파괴성이 강한 감정의 침입을 허용하기가 쉽습니다."

"매일 두 번 주의력과 감정을 집중시켜서 '돈이 탐난다'고 하는 당신의 욕망을 쓴 문장을 큰 소리로 읽고나면, 이미 그 돈을 가지고 있는 자신의 모습을 보거나, 이미 그것을 만져본 느낌이 들 것입니다. 이것은 자기의 잠재의식에 당신이 열망하고 있는 것을 단도직입적으로 통신하고 있다는 증거입니다. 이것을 되풀이하고 있으면, 당신의 욕망을 보다 효과적인 것으로 하는 방법을 생각나게 하는 습관을 적극적으로 몸에 붙일 수가 있습니다."

"돈을 벌고 싶다는 욕망을 글로 써서 큰 소리로 읽고, 그 욕망을 강하게 의식하려면 감정을 집중시켜서 일사불란하게 읽는 것이 매우 중요하다고 나는 생각합니다."

"자기암시의 원리를 활용하는 능력은 당신의 욕망이 타오르는 불과 같은 열망으로 고조될 때까지 일에 정신을 집중시킬 수 있는가 없는가 하는 것에 크게 좌우되는 것입니다."

"나는 헐레벌떡 집으로 달려오자, 곧 식탁 앞에 앉아서 '나는 1990년까지는 절대로 백만장자가 될 것을 결의한다'라고 썼지요. 당신은 '돈을 벌고 싶다고 생각하는 사람은 명확한 금액과 목적 달성의 기일을 정해 두지 않으면 안 된다'는 의견이셨습니다. 나는 그대로 실천했습니다."

지금 이 사람은 19세에 실패를 거듭했던 청년 빌 마콜이 아닙니다. 오늘날 그는 오스트레일리아 국회에서 가장 나이 어린 의원이 된 윌리엄 빌 마콜 씨이고, 시드니의 코카콜라 회사의 회장 말고도, 22개의 방계 회사 이사를 겸직하고 있는 명사입니다.

그리고 그의 재산은 그가 읽은 책에 나와 있던 부호들에 못지 않은 막대한 것이었습니다. 그는 그 책에서 자기암시를 사용하여 잠재의식의 힘을 해방시키는 것을 터득했던 것입니다. 그는 예정보다 4년 일찍 소기의 목적을 달성하였습니다.

숨은 설득자

잠재의식은 독서나 사고思考의 내용 등에 영향을 미칩니다. 또한 의식의 영역 밑바닥에는 독서를 통해 얻은 것과 마찬가지로 강한 영향력을 가진 눈에 보이지 않는 몇 가지의 힘을 가지고 있습니다.

이 눈에 보이지 않는 힘에는 이미 알려져 있는 물리적 원인에 의한 것도 있지만, 미지의 원인에서 유래하는 힘도 있습니다. 이 미지의 원인에 대하여 말하기 전에 반스 파카아드의 저서 『숨은 설득자』의 발간 이래, 이미 상식으로 되어 있는 하나의 예를 말하고자 합니다.

이 이야기는 미국 신문에까지 보도되고, 그 후에 많은 잡지에서도 다루어졌습니다. 미국에서도 전국적으로 일류 잡지에 소개된 잠재의식이라는 제목의 광고에 따르면, 뉴저지 주의 어느 영화관에서 관객이 의식할 시간이 없을 정도로 짧은 시간, 극히 한순간에 광고문을 스크린에 투영하는 실험이 행하여졌습니다.

그 영화관의 실험은 6주간에서 걸쳐 4만 명 이상의 관객이 모르는 사이에 실험 대상으로 하여 육안으로는 확인할 수 없는 특수한 방법으로 그곳 로비에서 팔고 있는 두 가지 상품 광고문을 스크린에 순간적으로 영사하는 것이었습니다.

그 후 6주간이 경과했을 때, 이 광고문의 두 가지 상품 가운데 한 종류는 50퍼센트 이상이나 매상이 올랐고, 다른 하나는 약 20퍼센트의 매상이 올랐다고 하는 것이 실험 결과였습니다.

스크린의 광고문은 눈에 보이지 않았지만, 그럼에도 불구하고 수 많은 사람들에게 효과를 나타낸 것입니다. 그 이유는 의식에 남아나지 않을 정도의 희미한 인상일지라도 잠재의식은 그것을 흡수할 능력을 가지고 있기 때문이라고 이 방법의 창안자는 말하고 있습니다.

이 실험 이야기가 저널리즘에서 다루어지자 잠재의식에 암시를 주는 수단을 이용하여, '다른 사람의 사색·습관, 물건을 구매할 때의 결단, 사고의 진전 방법 등을 바꾸려고 하는 기도'에 많은 사람들이 반대하였습니다.

그 이유는 마음을 놓을 수 없는 수법으로 세뇌되는 것에 공포를 느꼈던 것입니다. 그러면서도 저자들에게는, 오히려 PMA를 채용하는 사람이 없었다는 것이 뜻밖이었습니다. 그것은 잠재의식의 암시를 선용할 수 있기 때문입니다. 힘이라고 하는 능력은 나쁜 일에나 좋은 일에나 다 사용할 수 있다고 하는 것은 누구나 알고 있는 사실입니다.

그러므로 이 실험의 효과가 확인되었으므로 사람의 마음을 분발시키는데, 다음과 같은 금언을 순간적으로 스크린에 투영하면 훌륭한 교육적 효과가 있을 것이라고 하는 것은 쉽게 상상할 수 있습니다.

신은 언제나 착하다!
당신은 신의 은총에 의하여 나날이 모든 면에서 향상되고 있다!
진실을 직시하는 용기를 가져라!
마음이 생각하고 믿을 수가 있는 것은 성공의 목표이다!
불행은 큰 행복의 씨앗이다!
가능하다고 믿어라. 그러면 당신은 성공할 수 있을 것이다!

서투른 방법은 패배로 직결된다

우리가 알고 있는 물리적 원인에서 유래하는 눈에 보이지 않는 힘을 몇 가지 연구해 보았으므로, 이제부터는 심령 현상 분야라는 미지의 영역으로 발걸음을 옮겨 보기로 합니다.

(1) ESP초감각적 지각—감각기관으로는 지각할 수 없는 외부의 사건, 또는 정신적 영향에 의한 지각知覺 혹은 감응.
이 항목은 ⓐ 텔레파시 : 상념의 전달 ⓑ 투시 · 천리안 : 감각기로는 지각할 수 없는 것을 아는 힘 ⓒ 예지 : 과거의 일을 알아맞추는 힘을 포괄한다.
(2) 정신 동력—물체에 작용하는 마음의 힘
무엇보다도 이성을 잃지 말고 확고하게 대지를 밟고 있는 자세와 용기가 필요하다. 상식을 가지고 미지의 영역을 탐구하는 능력을 길러야 한다. 올바른 이론을 사용하여 사고 속에 거미줄이 치지 않도록 자기 방어를 하지 않으면 위험하다.

의문의 강을 건너는 발판이 되는 성공의 징검다리는 사실을 바탕으로 하는 사항이 아니어서는 안 됩니다. 그러므로 성공한 선배들로부터 안전한 길을 배워야 합니다. 그리하여 우리나폴레온 힐 / 클레멘트 스톤는 그와 같은 선배들을 당신에게 소개할 생각이지만, 그 전에 이 분야의 역사에 관해서 알아보도록 하면 교훈을 얻을 것입니다.

20세기 초에 출판된 토마스 허드슨의『심리현상의 법칙』이라고 하는 책은 당시의 베스트 셀러였는데, 그 책에는 심리적 경험에 관한 감정이 좋지 않은 이야기가 다수의 내용이었습니다.

이 책을 읽고 몇 만 명이라고 하는 사람들의 상상력이 자극되었습니다. 감화를 받기 쉬운 사람도 있었으나, 그렇지 않은 사람도 있었습니다.

그 이후 심령과학에 대한 열광은 민중 사이로 급속하게 퍼져 나갔는데, 올바른 기초 지식을 가지고 있지 못하였기 때문에 반 미치광이가 되어 몸을 망치는 사람도 나타나서 사회적 물의를 일으켰습니다. 그것은 과학적인 힘에 관하여 그 사람들이 가지고 있었던 작은 지식이 만들어 낸 두려움과 초자연적인 것에 대한 호기심이 가져온 결과였습니다.

올바른 교육의 기초가 없었으며, 사려와 분별력이 미약했으며, 그 위에 감정을 자제할 수 없는 사람들이 흥미있는 연구에 열중하는 경향은 거의 맹신에 가까웠습니다. 종교가와 과학자, 그 밖에 민중의 복지에 책임을 져야 하는 많은 사람들이 심령 현상 연구를 저주스런 것이라고 생각한 이유는 쉽게 이해할 수 있을 것입니다.

첫째, 분방한 상상이 민중을 현혹시킬 위험을 가지고 있었습니다. 둘째, 사실과 가공의 이야기와의 구별이 애매하였습니다. 셋째, 사이비 최면사나 사기꾼들의 장난과 농간에 의해 많은 민중의 마음이 해를 입었습니다. 마지막으로 종교의 근본적인 본질이 부정한 방향으로 왜곡되기도 했습니다.

결과적으로 심령 현상과 관계있는 것은 무엇이나 기피해야 하는 터부로 평가되었습니다.

그러나 이런 속에서도 진리를 탐구한 사람이 있었습니다. 그가 바로 미국 듀크 대학의 조세프 라인 박사인데, 그는 부인 루이사 라인 박사의 격려와 조력에 힘입어 오랜 세월에 걸친 외로운 싸움을 계속했습니다.

자연적으로 발생하는 심령 현상은 연구실 안에서는 좀체로 일어나지 않았기에 박사의 연구는 많은 장애를 겪었습니다. 이런 종류의 심령 현상은 전연 생각지 않던 때에 일어났습니다. 감정이 몹시 부자연한 상태에 있을 때나, 강렬한 욕망이 사라지지 않을 때, 사랑하는 사람이 숨을 거둘 때와 같은 시각 등에서 종종 경험됩니다.

웨스팅 하우스의 혁신

오늘날 심령 현상을 테마로 다루는 집필자는 자기가 신봉하는 이론을 세상 사람들에게 이해시키기 위해서 누구나가 라인 박사와 듀크 대학을 예로 인용하고, 박사의 신망을 분명히 이용하여 자기의 설을 권위있게 포장하려고 합니다. 우리도 그 예외는 아닙니다. 심령 현상에 관해서 더욱 자세하게 알고 싶은 분은 라인 박사의 『마음의 영역』과 그밖의 저서나 박사가 다른 연구자와 공저로 쓴 책을 꼭 한번 읽었으면 합니다. 우리는 조세프 라인 박사를 성공한 선배로 당신에게 추천합니다.

라인 박사의 작업에서 마음이 가지는 이상한 힘의 연구와 신념에 대한 세인의 반대를 타파하는데, 어느 정도 성공했을까요?

다른 분야의 실업가들이 신뢰하고, 스스로 앞장 서서 이 실험을 하고 있다는 사실이 박사의 성공을 증명할 것입니다.

웨스팅 하우스 천체관측 향해연구 소장 피터 카스트락시오 박사는 최근의 인터뷰에서 웨스팅 하우스 사의 과학자들은 텔레파시와 투시에 의한 원거리 통신기술 개발을 하고 있다고 언명했습니다. 카스트락시오 박사도 이 대실험에 착수할 결단을 내리기까지는, 라인 박사에게 여러 차례에 걸친 장시간의 방문을 거듭했던 것입니다.

그러면 텔레파시와 투시를 응용하여 상업 베이스에 편승하는 수단 방법의 연구는 성공할까요?

다음 사실을 들어서 이 물음에 대한 우리의 대답으로 삼겠습니다.

오늘날에는 일반적인 상식으로 되고 있는 아이디어를, 도저히 있을 수 없는 일이라고 하여 당시의 세상 사람들이 일소에 붙였던 것은 그리 오래 된 옛이야기가 아닙니다.

예컨대, 물질의 에너지로의 전환과 에너지의 물질로의 전환, 둘째 원자의 파괴, 셋째 인공위성, 넷째 제트 엔진, 다섯째 텔레비전 등 같은 일상생활의 필수품이 그러합니다.

그리고 전자 계산기라고 하는 큰 전자 두뇌에 관해서는 어떻게 생각하십니까? 그 어느 것이나 인간이 마음속에 품고 확신하고, 마침내 그 실현을 달성시킨 것 뿐입니다.

빛의 속도, 즉 1초 동안에 18만 6천 3백 마일약 30만 킬로 미터의 속도로 작동하는 기계! 매초 4만 번의 계산을 해내고, 자동적으로 잘못을 검사해 정정하는 기계! 인체의 신경계통 내에서 생기는, 이미 알려진 전기작용과 많은 점에서 비슷한 작용을 하는 전기 회로가 인간의 손으로 짜여짐으로써 전자 계산기는 현실의 것으로 되었습니다. 우리 두 사람은 앞에서 말한 의문에 대해서 다음과 같이 대답했습니다.

"마음이 생각하고 믿을 수 있는 것은, 자기 자신이 달성할 수 있는 목적이다."

그러나 당신이 가지고 있는 훌륭한 기계인 당신의 육체, 다시 말하면, 당신의 두뇌에 비교할 수 있는 경이적인 인공 기계나 발명은 하나도 없습니다. 인간이란 두뇌를 갖춘 육체 이상의 존재입니다.

당신은 육체를 가진 정신입니다. 그 정신은 이미 알고 있거나 알고 있지 못한 힘을 가지고 있고, 또 그것들의 영향을 받고 있습니다. 마음은 의식과 잠재의식의 두 가지 부분으로 성립되어 있습니다.

이 장에서는 잠재의식의 관념 ―그 힘 및 잠재의식에 영향을 주는, 이미 알거나 아직 모르고 있는 힘에 중점을 두고 말해 왔습니다. 그러나 의식되는 마음에 관해서는 무엇이 있을까요? 이것도 잠재의식에 못지 않은 중요한 것입니다.

〈지침 3〉 당신이 간직해야 할 생각

1. 당신은 육체를 가진 정신이다. 당신의 육체는 전기적 성능을 가진 기계이다. 당신의 두뇌는 전기적인 기적의 선물이라고 할 수 있는 하나

의 기구이다.

2. 당신의 정신은 의식과 잠재의식의 두 가지 부분으로 되어 있으며, 이 양자는 서로 협력하여 작용한다.

3. '나는 나날이 모든 면에서 잘 되고 있다.'

이같은 말을 몇 번이고 서슴없이 정감을 깃들여서 단호하게 되풀이하면, 그것은 의식에 영향을 주어 나중에는 잠재의식이 그것에 반응하게 된다. 빌 마콤은 자기 암시를 사용함으로써 부자가 되었던 것이다.

4. 남에게 영향을 주기 위해서 올바른 암시를 사용하는 법을 배우라. 올바른 의식적 자동암시를 사용하는 법을 배우라. 그러면 당신은 육체적·정신적·도덕적, 건강·행복, 그리고 성공을 잡을 수가 있을 것이다.

5. 만일 당신이 할 수 있다고 믿는다면, 당신은 그것을 할 수가 있는 능력을 가지고 있다.

6. 숨은 설득자로서 적극적인 마음PMA을 사용하라.

7. 당신의 두뇌는 뇌파의 형식으로 에너지를 내보낸다. 그리고 이 에너지는 다른 사람이나 물건에 영향을 끼칠 수 있는 힘이다.

8. 서투른 방법은 패배의 큰 원인이 된다. 당신의 정신력을 탐구하라. 당신이 심령 현상이라고 하는 위험한 미개발 영역으로 들어갈 때에는 조셉 B 라인 박사를 선배로 삼아라.

제4장
그밖에 무엇을 생각하라

당신이 성실하게 노력했으나 실패한 원인은 '그밖에 무엇'이 더 필요했기 때문입니다. 기하학 공식에, '전체는 각 부분의 총화와 같고, 어느 부분보다도 크다'고 하는 것이 있습니다. 이 공식은 노력을 필요로 하는 모든 사항—성공이나 목적의 성취—과 관련시켜서 비교하고 적용할 수가 있습니다.

반대로, 어느 부분도 그 전체보다는 작은 것입니다. 그러므로 당신이 전체를 완성시키기 위해 중요한 것은 필요한 부분을 하나도 남기지 말고 보태어 맞추는 일입니다.

소극적인 마음가짐NMA은 실패의 큰 원인의 하나가 됩니다. 당신은 당연히 알고 있어야 할 사실과 대자연의 법칙과 힘을 전연 알고 있지 못하거나 혹은, 그 대부분을 알고 있음에도 필요한 것을 행하지 않은 것인지도 모릅니다.

당신은 이미 알고 있거나 아직 모르고 있는 것과의 힘에 작용을 하여서 그것들을 활용하고 관리하며, 요긴할 때에 쓸 수 있다고 하는 방법을 모르고 있는 것은 아닙니까?

적극적인 마음PAM을 가지고 성공하려면, 잠시라도 노력을 게을리하지 말고, 언제나 무엇인가를 찾아 노력하고 헌신해야 합니다. 그밖에 무엇인가를 탐구하는 노력을 거기서 멈춘 사람이 실패를 경험하는 것은 당연합니다.

어린이가 퍼즐을 풀지 못 하는 경우, 만일 끈기있게 노력하여 그 푸는 방법을 알게 되면, 그 다음에는 쉽게 풀 수 있을 것입니다. 물론 당신은 어린이가 아니지만, 꼭 풀어보고 싶다고 여기는 인생의 퍼즐이 있을 것입니다.

당신이 인생의 퍼즐을 푸는데, 적극적인 방법을 사용하는 편이 해답을 얻기가 쉬울 것입니다. 한 예를 들면, 어느 작사가가 가사는 썼지만 발표를 못한 채로 있었습니다. 조지 코한은 그 가사를 사 들여서 그것에 낱말을 덧붙였습니다. 그것은 '히프, 히프, 플레이!'라고 하는 짧은 낱말을 세 군데 삽입한 것에 지나지 않았습니다. 그런데 결과는 대 히트였습니다.

토머스 에디슨은 전구 발명에 성공하기까지는 1만 번 이상의 실험을 했다고 합니다. 그는 실험이 실패를 거듭해도, 그밖의 무엇인가를 끊임없이 구하였습니다.

그가 실패한 수수께끼를 풀었을 때 새로운 전구 제조가 기능하게 되었는데, 그는 그 이전부터 있어왔던 자연 법칙을 적용한 것에 지나지 않았습니다. 그러나 그 자연 법칙이 백열 전구 발명에 응용된다고 하는 것을 생각해 낸 사람은 없었던 것입니다.

질병의 치료와 예방 방법은 수없이 많이 있지만, 어떤 시대에는 알려져 있지 않았던 적이 있습니다. 예컨대, 소아마비의 예방법은 조비스 에드워드 소크 박사가 자연 법칙의 원리를 이용하기까지는 미지의 치료 방법이었습니다. 그 자연 법칙은 이 기공할 병의 예방에 이전의 학자들은 응용하지 못했던 것입니다.

당신은 성공의 공식을 써서 백만 달러를 벌지도 모릅니다. 만일 그 돈을 잃더라도 다시 백만 달러, 아니 그 이상의 돈을 벌 수 있습니다. 그러나 이것은 당신이 성공의 공식을 배워서 그것을 활용했을 때의 이야기입니다.

만일 당신이 최초 백만 달러를 버는 데 도움이 된 성공의 공식 가치를 인정하지 않았다면 과연 어떠했을까요? 적절한 성공 원칙에서 벗어난 탓으로 두 번째에도 실패할 가능성이 높습니다. 두 번째에는 정체의 변동에 따라서 당신이 방법을 바꿀 필요가 있다 하더라도 성공의 원칙은 변하지 않기 때문입니다.

'그밖에 무엇'으로 비행에 성공한 라이트 형제

라이트 형제 이전에도 마지막 한 발자국만 더 나갔어도 비행기 발명에 성공할 수 있었던 사람들은 많았습니다. 라이트 형제도 다른 발명가들과 같은 원리를 응용했지만, 형제는 그밖에 무엇인가를 추가했던 것입니다.

그것은 자연 법칙의 새로운 구성을 창조했으므로, 다른 사람들은 모두 실패했음에도 성공을 거두었던 것인데, 그들의 '그밖에 무엇'은 어떠했는가 하면, 간단한 것이었습니다.

기체의 날개 끝에 특수한 설계의 가동성 보조날개를 붙이고, 조종자가 그것을 조작하여 비행기의 평형을 유지하도록 했던 것입니다. 이 보조 날개는 현재의 비행기 원형이 되었습니다.

당신은 여기서 보아온 성공담의 모든 것에 공통 인자가 있다는 것을 깨달았을 것이라 생각합니다만, 어느 경우에도 성공의 열쇠는 일찍이 아무도 응용하지 않았던 자연 법칙을 교묘하게 사용한 일입니다. 그것이 성공을 거두지 못하고 끝난 사람의 경우와 다른 점입니다.

그러므로 당신이 만일 앞으로 한 발자국만 더 나가면 성공할 수 있는데도 최후의 장애를 극복하지 못할 때에는 그밖에 무엇을 추가하는 노력을 기울이십시오.

그것은 많은 것을 필요로 하지 않습니다. 어떤 히트 송을 만들기에 필요로 했던 것은 '히프, 히프, 플레이'라고 하는 겨우 세 마디의 낱말이었습니다. 다른 사람이 성공을 못 거두고 끝난 비행기의 발명을 성공시킨 것은 작은 보조날개였습니다. 그밖에 무엇의 가치는 그 양이 아니라, 아이디어의 질에 있습니다.

알렉산더 벨은 성공할 때까지 포기하지 않았다

자기가 먼저 전화를 발명했다고 주장하는 사람이 있었습니다. 그레이, 에디슨, 돌베어, 맥도나우, 번더웨이드, 레이스 등을 비롯하여 많은 사람들이 이미 특허권을 가지고 있었습니다.

그중에서도 필립 레이스는 분명히 거의 성공 직전에 도달해 있었습니다. 겨우 한 개의 나사가 완성과 미완성과의 큰 차이를 이루고 있었는데, 만일 그 나사를 90도 더 돌렸다고 하면, 단속전류가 지속전류로 변하여, 레이스는 발명의 명예를 손에 넣을 수가 있었을 것입니다.

이에 대하여 미국 최고재판소 소송 문서에는 다음과 같이 기록되어 있었습니다.

레이스가 전기에 의한 음성의 전달에 필요한 지식을 가지고 있었음은 그의 신청서 제1면에 다음의 기술에 의하여 명백하다. '장소와 방법 여하를 불문하고, 주어진 음조音調 또는 음조의 복합과 같은 파형波型의 진동을 일어나게 하는 것이 가능하고, 또한 그와 동시에 본래의 음조 또는 음조의 복합과 똑같은 인상을 듣는 사람에게 준다. 레이스는 음악적 음조를 재생하는 방법을 발명했으나, 그 이상의 것을 발명한 것은 아니다. 레이스가 발명한 장치는 노랫소리의 전달은 가능하지만, 대화를 전달하는 성능은 가지고 있지 않다. 레이스는 시종일관 이것을 인정했던 것이다.

라이트 형제의 경우와 같이 벨이 추가한 그밖에 무엇도 비교적 간단한 것이었습니다. 그는 단속전류를 지속전류로 바꾸었는데, 그것은 사람이 말하는 목소리를 재생할 수 있는 유일한 방법이었습니다. 단속전류나 지속전류도 틀림없이 같은 직류입니다.

'단속'이란 아주 순간적으로 끊어진다고 하는 뜻입니다. 레이스는 전류를 단속적으로 흘렸지만, 벨은 특히 회로를 열어놓은 채로 해두었습니다. 재판소는 다음과 같은 단정을 내렸습니다.

레이스는 전에 그것을 생각해 내지 못하고, 그 때문에 음성 전송에 성공하지 못했지만, 벨은 그것을 알아차리고 성공했던 것이다. 이러한 사정을 고려한다면, 벨의 발명은 레이스의 발명을 흉내낸 것이라고 하는 견해를 받아들일 수 없다. 레이스의 방법으로는 성공하지 못하지만, 벨의 방법에 따르면 성공하는 것이다. 두 사람의 발명에는 성공과 실패의 차이가 있다. 만일 레이스가 연구를 계속했다면, 성공의 실마리를 잡았을지도 모르지만, 미연에 중지했기 때문에 성공을 거두지 못하고 말았다. 그러나 벨은 연구에 몰두하여 만족할 만한 결과에 도달할 때까지 그것을 지속했던 것이다.

무언의 협력자에게 받은 성공의 영감

토목 공사용의 거대한 기계를 사용하는 건설업자인 R.G.루트로노는 감동적인 강연을 함으로써 몇 천 명이라고 하는 사람들을 분발시켰습니다.

그는 경건한 말투로 '나의 훌륭한 협력자'를 예로 들고, 그 '협력자'로부터 받은 인스피레이션과 조력에 관해서 말하였습니다. 루트르노는 정규교육을 거의 받지 못했지만, 눈부신 성과를 기술 면에서 결과를 나타냈습니다.

그는 네바다 주의 후버 댐 건설공사의 하청을 받았을 때, 예기치 못한 암층에 부딪쳤기 때문에 파산하고 말았습니다. 바위에 구멍을 뚫는 비용이 계약서의 예산을 훨씬 초과하였으나, 끝까지 계약을 이행하려고 하여 사재까지 털어 넣었던 것입니다.

루트르노는 큰 손해를 입었지만, 걱정을 하지 않고 신에게 빌었습니다. 그의 기도 방법은 감사하는 말—아직 그에게 남아 있는 것에 대한 깊고 깊은 감사의 마음을 신에게 바치는 것이었습니다. 그는 아직 건강한 신체, 튼튼한 두 팔, 생각할 수 있는 두뇌, 그리고 그밖에 무엇인가를 가지고 있었습니다.

"최대의 난관에 직면하고 있을 때, 무언 가운데 나에게 협력해 주시는 분의 존재를 깨닫고, 그분의 말씀 가운데서 나의 최대의 자산을 발견했던 것입니다. 나의 모든 재산이나 내가 한 일 가운데서 가치있는 일은 모두 그분의 덕분입니다."

하고 루트르노는 말하고 있습니다.

저자 중 하나인 나폴레온 힐은 루트르노와 1년 반쯤 교제했으므로 그를 가까이서 관측할 수 있는 기회가 있었습니다. 루트르노는 그 무렵에 이미, 감명 깊은 강연을 하는 사람으로서 평판이 높았고, 전국을 자가용 비행기로 여행하면서, '하느님과 친구가 되는 것은 멋진 일입니다.'라고 말하며, 전국을 누비면서 그의 대부분의 시간을 보내고 있었습니다.

어느 날 밤, 나폴레온 힐과 루트르노 두 사람은 로드 캐롤라이나에서 강연을 마치고 비행기로 귀로에 올랐는데, 그 비행기 안에서 흥미있는 일이 일어났습니다.

비행기가 공항에서 이륙되기 직전 루트르노 씨는 잠이 들었는데, 자면서 주머니에서 작은 수첩을 꺼내어 무엇인가를 몇 줄을 적고 있는 것을 나폴레온 힐은 보았습니다.

공항에 내린 뒤 나폴레온 힐은 루트르노에게,

"당신이 수첩에 적고 있었던 일을 기억하고 있습니까?"

하고 물어 보았습니다. 이에 루트르노는 놀라며

"뭐라구요? 전연 모르겠는걸요."

하고, 곧 주머니에서 수첩을 꺼내어 메모한 곳을 찾았습니다.

"아아, 이것이구먼! 요 몇 달 동안 줄곧 이 일을 생각하고 있었습니다. 우리 회사에서 지금 만들고 있는 기계가 한 가지 미해결의 문제로 남아 있어서 완성을 못 보고 있는 중이랍니다. 이것으로 그 문제는 해결되었습니다."

당신도 기발한 아이디어가 뇌리에 스쳤을 때에는 그 자리에서 적어 두도록 하십시요. 그 명안은 당신이 구하고 있는 그밖에 무엇인지도 모릅니다. 우리 나폴레온 힐 / 클레멘트 스톤는 '무한의 지혜자'와의 통신은 잠재의식을 통하여 행하여진다고 믿고 있습니다. 순간적으로 뇌리에 스친 명안은 잠재의식에서 의식으로 통신되어 오는 것이므로 당신은 때를 놓치지 말고 그것을 적어 놓는 습관에 길들어져야 합니다.

알버트 아인슈타인은 우주와 우주를 지배하는 자연 법칙에 관한 복잡하고도 심원한 이론을 수립하였는데, 이 연구에 사용된 것은 한 자루의 연필과 한 장의 종이뿐이었습니다. 연필과 종이는 극히 간단하기는 하지만, 인간이 발명한 것 가운데서 가장 중요한 도구입니다.

아인슈타인은 의문과 그 해답을 종이와 연필을 사용하여 빠짐없이 적어 두었습니다. 당신도 이와 같이 자문자답하는 습관을 배워서 몸에 붙여 놓으면 의문이나 어떤 해결책이 떠올랐을 때, 종이와 연필을 사용하여 당신의 마음의 힘을 강화할 수 있을 것입니다.

아인슈타인과 그밖의 과학자들은 선인先人이 쌓아놓은 수학이나 과학에서 지식을 배우지 않았다고 한다면, 그 위대한 결론에 도달하지 못했을 것이리라 여겨집니다.

아인슈타인은 시간과 운동에 대해서 사색하는 습관을 몸에 익히고부터, 우주의 원칙 탐구에 마음을 두었던 것인데, 만일 그렇지 않았다고 한다면, 그 연구는 행하여지지 않았을 것이리라 여겨집니다.

문득 떠오른 아이디어를 적어 놓는 습관이 없는 사람으로서 훌륭한 인류의 위업을 성취한 인물은 없습니다.

창조적인 사람에게 창조적 사고법을 배워라

광고 대리점 오스본 사의 알렉스 오스본의 저서 『당신의 창조력』과 『창조력을 신장시켜라』의 두 책은 몇십 만에 이르는 사람들에게 창조적으로 사고하는 의욕을 불러일으키고 있습니다. 그리고 그에 못지 않게 주목해야 할 것은 이 사람들이 적극적이고도 건설적으로 행동하는 의욕을 가졌다는 것입니다. 어디까지나 실천이 따르지 못하면 창조적 사고라고는 할 수 없기 때문입니다.

오스본도 많은 창조적 사고가와 마찬가지로 메모와 연필을 애용의 작업 도구로 삼고 있습니다. 아이디어가 떠올랐을 때, 곧 메모를 해 두는 일입니다. 그는 대사업을 성취시킨 위대한 사람들이 그러했듯이 사색과 계획과 시간을 연구하고 있습니다.

알렉스 오스본은 다음과 같이 명백한 진리를 말했습니다.

"사람들은 모두, 어느 정도의 창조적 능력을 갖추고 있으나, 대개의 사람은 그 사용법을 배운 일이 없다."

오스본의 '브레인 스토밍'의 방법은 쉬운 텍스트 북 『창조력을 신장시켜라』에 설명이 실려 있는데, 대학 강의실, 공장, 회사 사무실, 교회, 클럽, 가정 등 어느 곳에서나 사용되고 있습니다.

오스본의 '브레인 스토밍' 방법은 매우 간단합니다. 두 사람 이상 자리를 같이 하고, 각자의 잠재의식으로부터 의식의 표면을 이용해 아이디어를 내놓고 문제를 공동의 상상력으로 해결해 가는 것입니다. 동석한 사람들의 의식을 통해 떠오른 아이디어를 재빨리 적어 놓습니다. 모두의 아이디어가 나올 때까지 비판은 일체 허용되지 않습니다. 그리고 모든 사람의 아이디어를 검토한 뒤에 실천 가능하고 가치있는 것을 결정하는 것입니다.

필라델피아의 라 사레 대학을 비롯하여 전국의 많은 대학에서는 창조적 사고법을 집대성한 강좌가 있는데, 창조적으로 사고하는 사람들이나 회사나 공장에서 여러 가지 경우에 사용한 방법을 교재로 채택하고 있습니다.

아이디어는 창조적 생각에서 나온다

엘머 게이트 박사가 세계를 보다 살기 좋은 것으로 하는 사업이 가능했던 것도, 바로 이와 같은 창조적 사고법을 사용한 덕분입니다.

그는 미국의 우수한 교사였고, 또한 철학자·심리학자·과학자·발명가이기도 했습니다. 그는 자기의 전 생애를 통해 학술과 과학 등 많은 분야에서 수백 가지의 발견과 발명을 이룩한 사람입니다.

게이트 박사의 인생 그 자체, 즉 그가 내세우는 심신 단련법은 건강한 몸을 만들고 마음의 힘을 강화할 수 있다고 하는 것이 증명이 되었습니다.

이 책의 공동 저자 나폴레온 힐이 앤드류 카네기의 소개장을 준비하여 가지고 세비체이스 연구소로 게이트 박사를 방문했을 때, 여비서가 말하기를,

"유감스럽지만, 지금 박사님에게 방해되는 일은 안 된다고 하는 분부가 계셔서……"

"어느 정도 기다리면 만나 뵐 수가 있을까요?"

하고 나폴레온 힐은 물었습니다.

"잘 모르겠습니다. 어쩌면 3시간 이상 기다리시게 될지도 모릅니다."

하고 그녀는 대답했습니다.

"왜 당신은 내가 박사님께 방해가 되는지를 물어봐도 좋겠습니까?"

그녀는 조금 망설이다가,

"박사님은 지금 아이디어를 얻기 위해서 조용히 앉아 계십니다."

하고 대답했습니다. 이에 나폴레온 힐은 미소를 짓고,

"그건 무슨 뜻입니까? 아이디어를 얻기 위해서 조용히 앉아 계신다니?"

그녀도 미소를 지어 보이며 말했습니다.

"아마 게이트 박사님으로부터 설명을 들으시는 편이 좋지 않을까 생각합니다. 어느 정도 시간이 걸리게 될지 모르지만, 기다리셔도 좋습니다. 다시 찾아오시는 게 좋으시다면 면회할 수 있는 시간을 여쭈어 놓겠습니다."

이에 힐은 기다리기로 작정했는데, 그것은 매우 좋은 결단이었습니다. 기다린 보람이 있었기 때문입니다. 그 뒤의 결과를 나폴레온 힐은 다음과 같이 말하고 있습니다.

기다리고 있는 동안 게이트 박사가 모습을 나타냈습니다. 비서가 두 사람의 소개를 끝마치자, 나는 농담 투로 비서로부터 조금 전에 들은 것을 그에게 이야기했습니다. 그는 앤드류 카네기의 소개장으로 눈길을 보내다가 나의 물음에 기꺼이 대답하고, "내가 아이디어를 얻기 위해서 조용히 앉아 있는 장소와 아이디어를 구하는 방법에 흥미가 있으십니까?" 하고 물었습니다.

그는 작은 방으로 나를 안내했습니다. 그 방에 있는 가구래야 간소한 책상과 의자가 한 쌍 놓여 있었을 뿐입니다. 책상 위에는 메모 용지와 몇 자루의 연필, 그리고 작은 스탠드가 하나 놓여 있었습니다.

"인터뷰 때 게이트 박사는 해결할 수 없는 문제가 있으면, 이 방으로 들어와서 문을 닫고 불을 끄고 의자에 앉은 뒤에 정신을 철저히 집중하는 것이지요."

라고 설명해 주었습니다.

어떤 문제의 해답도 잠재의식 속에서 떠오를 수 있도록 정신 통일의 성공 원칙을 응용하는 것이라고 하는 점이었습니다. 때로는 아이디어가 떠오르지 않을 때도 있지만, 반대로 곧 해결되는 경우도 있고 두 시간 이상 걸려서 겨우 그 실마리를 발견한 일도 몇 번인가 있었습니다. 아이디어가 구체적인 형태를 취하기 시작하면, 그는 기회를 놓치지 않고 불을 켜고 메모를 해둡니다.

엘머 게이트 박사는 다른 발명가들이 이미 착수하였으나 작은 문제 때문에 완성할 수 없었던 2백 건 이상의 발명을 개량하여 완전한 것으로 만들어 놓았습니다. 다른 사람들이 지나쳐 버린 요소―그밖에 무엇인가를 덧붙이는 재능을 가지고 있었던 것입니다.

그가 취한 방법은 우선 특허 신청서와 설계도를 조사하고 약점, 즉 그것에 결여되어 있는 그밖에 무엇을 찾아내는 세심한 일입니다. 이어서 신청서와 설계도의 사본을 방으로 가지고 와서 아이디어를 구하기 위해 조용히 앉아서 정신을 집중시킨 다음, 문제의 해결을 발견한다는 것이었습니다.

나폴레온 힐이 아이디어를 구하기 위해 조용히 앉아서 정신을 집중시킨 후 게이트 박사에게 물었습니다.

"아이디어를 구하기 위해 조용히 앉아 있을 때에 어떤 원천에서 아이디어가 떠오르는 것입니까?"

"모든 아이디어의 원천이 되는 것은 다음과 같습니다. 첫째, 개개의 경험과 관찰·교육 등에 의하여 잠재의식에 축적된 지식. 둘째, 다른 사람들이 나와 같은 수단으로 수집하고 텔레파시에 의하여 나에게 전달되는 지식. 셋째, 우리가 잠재의식을 통하여 접촉하는 '무한의 지혜자'의 대우주 창고에 저장되어 있는 모든 지식 및 모든 사실, 아이디어를 찾아 조용히 앉아있을 때, 나는 이 세 가지 원천 가운데, 어느 것인가 또는 전부와 연락을 취합니다. 만일 이밖에도 이용할 수 있는 아이디어의 원천이 있다고 한다면, 그것이 어떤 것인지 나로선 알 수 없군요."

게이트 박사는 그밖에 무엇인가를 탐색하는 가운데서 주의력을 집중하여 생각하기 위한 시간을 발견했습니다. 그는 자기가 찾고 있는 것이 무엇인가를 명확하게 알고 있고 적극적인 행동으로 그것을 추구했던 것입니다.

'그밖의 무엇을' 어떻게 적용할 수 있는가

당신은 이제까지 논한 설명에서 그 원리를 얻어내어 이야기하고, 한편 이해하며 이용할 수가 있을 것입니다.

그 예로 리코버 해군 대장의 다음과 같은 말이 지니는 중요한 진리에 대해서 그와 동감할 것입니다.

"우리가 만나서 이야기를 나눈 젊은 기술자들 가운데에는 기술이나 원리의 기본적인 것에 관해서 완전한 교육을 받은 사람은 거의 없었다. 대다수의 사람들은 많은 사실을 경험으로 배워서 자기 것으로 하고 있었다. 실제로 배운 것을 적용시키지 않는 한 아무런 소용도 없는, 필요하다고 생각지도 않는 것을 배우기보다 훨씬 쉽기 때문이다. 그러나 원리는 일단 배우면, 그 사람의 일부가 되어서 그 지식은 결코 잊어지지 않는다. 원리는 해결되지 않는 문제에 적용할 수 있고, 나날이 달라지는 세상에서 모든 것이 얼마 되지 않아 시대에 뒤떨어지는 것에 반하여 언제나 새로운 것이다."

원리를 배우고 실제로 맞추어 응용하십시요. 그리고 만일 당신이 목표를 향하여 활발한 진보가 없을 때에는 '그밖에 무엇인가'를 찾도록 하십시요. 그것은 이미 알고 있는 것인지도 모르고, 혹은 아직 모르고 있는 경우도 있을 수 있을 것입니다.

그러나 당신이 충분한 시간을 두고 연구하고 사색하고 계획하고 탐구하면, 그밖에 무엇인가를 틀림없이 발견할 것입니다.

그런데 이 장은 우주의 습성의 힘에 대해 언급하지 않는다면 완벽한 것이라고는 할 수 없을 것입니다. 이 우주의 습성의 힘을 이용하는 것은 성공의 17가지 원칙의 하나입니다.

우주 습성의 힘이란, 어떠한 것인가는 곧 이해할 수 있습니다. 왜냐하면 그것은 우리가 이미 알고 있는 것이나 아직 알고 있지 않은 것까지도 포함하여 자연, 혹은 만인에게 공통되는 원칙인 법칙이 응용된 힘에 주어진 명칭이기 때문입니다.

우주 습성의 힘을 간단히 정의한다면, 당신이 그것을 알고 있든 알고 있지 않든, 만인에게 공통되는 법을 이용한다고 하는 것입니다.

예를 든다면, 어떤 물체가 지상으로 떨어질 때에는 중력의 법칙이 작용하고 있다고 하는 것은 쉽게 이해할 수 있습니다. 그러므로 만일 당신이 높은 곳에서 어떤 물체를 떨어뜨리려고 생각한다면, 이 우주 습성의 힘을 이용하는 것입니다. 그것은 중력의 법칙입니다.

그러나 중력의 법칙이거나 혹은 그밖의 어떤 법칙일지라도 그것 자체가 힘일 수는 없습니다. 그러나 당신이 그 원칙을 올바르게 사용할 때에는 힘이 만인에게 공통되는 법칙에 따라서 사용되는 것입니다. 이와 같이 하여 원자의 파괴, 모든 발명, 모든 화학 공식, 모든 물리 현상, 모든 개인적 행동과 반작용 —그것이 육체적·지적·정신적 그 어느 것이든— 은 자연 법칙의 이용 결과인 것입니다. 모든 결과에는 원인이 있습니다. 그리고 결과는 우주 습성의 힘을 이용함으로써 얻게 되는 것입니다.

되풀이하여 말한다면, 인간은 육체를 가진 정신입니다. 그리고 생각할 수가 있습니다. 우리가 우주 습성의 힘을 사용하는 법을 배우는 것은 생각에 의해서입니다. 인간은 생각함으로써 사고를 실현시킬 수가 있습니다.

이런 생각은 이해하기 어려운 것은 아닙니다. 왜냐하면, 1905년에 알버트 안슈타인은 지금에는 다 알려진 공식이지만 '–$E=mc^2$'을 세상에 발표했습니다. 이 공식은 에너지와 물질의 관계를 설명한 것입니다. 물질이 빛의 속도에 다가갈 때, 우리는 그것을 에너지라고 부릅니다. 그리고 속도가 제로에까지 감소했을 때 그것은 물질이 되는 셈입니다. 이 공식에서 E는 에너지, m은 질량 또는 물질, c는 빛의 속도를 나타내고 있습니다.

우리는 아인슈타인의 공식이 우주 습성의 힘의 법칙 가운데 하나를 말로써 나타낸 것이라고 이해할 수 있습니다. 이 법칙을 이해하고 적용함으로써 인간은 에너지를 물질로, 물질을 에너지로 바꾸고 도시 전체에 전기를 이용하고 배에 동력을 공급한다든가, 요리를 한다든가 하는 일상의 건설적인 목적을 위해서 원자력을 이용할 수 있게까지 된 것입니다. '그밖의 무언가' 바야흐로 물질과 에너지가 동일한 것이므로 우주의 모든 것이 관계를 가지고 있음을 알 수가 있습니다.

당신은 다음 장에서, 이 장에서 배운 많은 지식을 생활에 어떻게 적용할 수 있는가 하는 것을 배우게 될 것입니다.

그럼으로써 당신은 모든 자연 법칙과 같이 우주 습성의 힘의 결과인 변화의 보편적 법칙에 의하여 만들어진 문제를 훌륭히 해결할 수가 있을 것입니다.

〈지침 4〉 당신이 간직해야 할 생각

1. '……그밖에 무엇인가.' 이 장에서 기술된 중요한 원칙은 당신에게 무엇을 뜻하는가, 그리고 당신은 어떻게 그것을 적용할 수가 있는가?

2. 당신이 어떤 일을 하는데 실패했다면, 그것은 당신이 그밖에 무엇인가―성공으로의 구성요건을 빠뜨렸기 때문에 그렇게 된 것이다.

3. 전체가 모든 부분의 합계와 같고, 어느 부분보다도 크다. 어떤 부분을 빠뜨린 것이 당신을 성공에서 멀리하게 하는 것이 아닐까?

4. 성공과 실패 사이의 작은 차이는 그밖에 무엇인가의 경우가 많다. '히프, 히프, 플레이', 움직일 수 있는 보조날개, 90도의 나사 회전―이것이 바로 그 무엇이었다.

5. 당신은 루트르노가 말하는 '무언의 훌륭한 협력자'와 손을 잡고 있

는가?

6. 인스프레이션의 번득임이 있었을 때에 적어 놓기 위해서 이제까지 발명한 용구 가운데서 가장 간단한, 그러나 가장 중요한 용구—종이와 연필을 준비하라.

7. 브레인 스토밍의 테크닉은 '아이디어를 얻기 위해서 가만히 앉아 있는' 것과 어떻게 다른가? 각각의 가치는 어떠한가?

8. 통제된 주의력의 성공 원칙을 준비하라.

9. 당신은 기본적 원칙을 배우는 습관을 확립하고 있는가? 그렇지 않으면 많은 사실을 모으는 것만으로 만족하고 있는가?

제2부

∗

성공을 위한 정신적 폭탄

제1장

문제가 생긴다는 것은 좋은 것이다

당신에게 어떤 문제가 생겼습니까? 그것은 좋은 일입니다. 왜냐하면 당신이 문제에 부딪쳐 승리를 얻음으로써 성공의 사다리를 오르는 것이 되기 때문입니다. 승리를 얻을 때마다, 당신은 지혜, 도덕적 능력과 경험이 함께 성장하는 것입니다.

당신은 문제를 발견하고, 그것과 겨루고 적극적 마음가짐PMA으로써 그것을 정복할 때마다, 보다 낮게 보다 크게 성공하는 인간으로 향상되는 것입니다.

잠시 그것에 관하여 생각해 봅시다. 당신의 인생에 있어서나 혹은 역사상의 어떠한 사람의 인생에 있어서도 진정한 성공이 그 사람이 직면한 문제 덕분이 아니었던 예를 한 가지라도 알고 있습니까?

누구나 문제를 가지고 있습니다. 이것은 당신을 포함하여 이 세상의 모든 것이 끊임없는 변화 과정에 놓여 있기 때문입니다. 변화는 움직일 수 없는 자연의 법칙입니다. 당신에게 있어서 중요한 것은, 변화의 도전에 대한 성공이거나 실패는 당신 자신의 마음가짐에 달려있다고 하는 것입니다.

당신은 자신의 생각을 지배하고 있는 감정을 콘트롤함으로써 태도를 규제할 수가 있을 것입니다. 당신은 자신의 태도가 적극적인가 소극적인가 하는 것을 선택할 수 있을 것입니다. 당신이 적극적인 마음[PMA]으로써 변화의 도전에 대처한다면, 당신이 부딪치게 되는 어떠한 문제도 현명하게 대처할 수가 있을 것입니다.

적극적인 마음가짐으로 문제에 대처하려면

만일 당신이 적극적인 마음가짐의 제일 중요한 요소 — 즉, 신은 언제나 착한 편이라는 것을 동시에 믿는다면, 당신은 다음과 같은 공식을 효과적으로 사용하여 문제에 대처할 수가 있습니다.

당신이 해결을 요하는 문제에 직면했다면, 그것이 아무리 어려운 문제인 듯이 보일지라도—

(1) 당신 자신에게 정열적으로 '그것은 좋은 일이야!' 하고 말하시요.

(2) 두 가지의 특별한 질문을 자기 자신에게 던지십시요. 첫째, 그것의 어떤 점이 좋은가? 둘째, 나는 어떻게 하면 이 역경을 갑절의 이익으로 바꿀 수가 있을 것인가? 혹은 어떻게 하면 나는 큰 재산으로 바꿀 수가 있을 것인가?

(3) 당신이 효과 있는 답을, 적어도 한 가지 찾아낼 때까지 질문에 대한 답을 계속 찾으십시요.

일반적으로 말해서, 당신이 직면하는 문제에는 두 종류가 있을 것입니다. 그 하나는 개인적인 문제 —감정적 · 경제적 · 정신적 · 도덕적 · 육체적 문제이고, 다른 하나는 사업상의 문제, 또는 직업상의 문제입니다.

　개인적인 문제는 우리들 모두가 경험하는 직접적인 문제이므로, 우리 인간이 경험할 수 있는 가장 어려운 문제 몇 가지를 경험한 어떤 사나이의 이야기를 하고자 합니다. 당신은 이 이야기를 읽으며, 그가 최후의 승리를 쟁취할 때까지 난관을 해결하는데, 어떠한 적극적인 마음가짐 PMA을 사용했는가를 알게 될 것입니다.

감옥에서 자신을 적극적으로 바꾼 사람

　이 사나이는 가난과 함께 성장하였습니다. 초등학교를 다니는 동안에도 어머니의 생활비 마련을 위해서 거리에서 신문을 팔거나, 구두를 닦기도 하였습니다.

　청소년으로 성장하자, 여름 방학을 알래스카 항로의 화물선 선실 급사로 일했습니다. 17세에 고등학교를 마치자 그는 가출하였습니다. 그리고는 부랑아와 한 패가 되어서 전국 각지를 떠돌아 다녔습니다.

　그의 친구는 모두 거칠은 사람들 뿐이었습니다. 그는 도박에까지 손을 대어 더욱더 인간 쓰레기로 전락되어 갔습니다. 도망자 · 밀수업자 · 가축 도둑 따위가 그의 직업이었습니다. 한때 멕시코에서 판초 빌라와 어울리기도 하였습니다.

　"나의 과오는 나쁜 친구와 한 패였다는 것입니다. 내 삶은 죄악의 쓰레기 더미에서 악의 꽃을 피우는 일이었습니다."

　하고 찰리 워드는 술회하였습니다.

　이따금 그는 도박으로 큰 돈을 버는 수도 있었으나, 곧 그것을 탕진

하였고, 마침내 그는 마약 밀수 혐의로 체포되어 유죄 판결을 받았습니다.

찰리 워드가 리븐워드 형무소에 들어갔을 때, 그의 나이는 34세였습니다. 그는 그 같은 친구들과 어울렸음에도 불구하고 이제까지 한번도 형무소 근처에도 간 일은 없었습니다.

수감이 되자, 그는 비참한 생각에 빠졌습니다. 그는 어떤 감옥일지라도 그를 언제까지고 가두어 둘 만큼 견고하지는 않을 것이라고 마음속으로 맹세하고 탈옥의 기회를 엿보고 있었습니다.

형무소에서는 그의 마음속에 있는 분노를 버리고 모범수로 복역하도록 그를 선도했습니다. 그 뒤 어떤 변화가 일어났습니다. 찰리는 자신의 태도를 소극적인 것에서 적극적인 것으로 바꾸는 것을 선택했던 것입니다. 그는 자신을 적극적인 사고 방식으로 바꾸는 것에 도전했습니다.

그리고 그 순간부터 그의 모든 생활은 그에게 가장 좋은 방향으로 흐르기 시작했던 것입니다. 소극적인 사고방식에서 적극적인 사고방식으로 변한 것만으로 찰리 위드는 자신을 지배하기 시작했던 것입니다.

그는 매사에 공격적이던 성품을 바꾸고, 오늘날의 곤경을 가져다준 관리를 용서했습니다. 그는 자신에게 판결을 내린 판사를 미워하는 일을 그만 두었습니다.

그는 이제까지의 찰리 워드가 어떠한 인간이었나 하는 것을 곰곰이 생각하고, 자신의 장래에 대해서 나쁘게 생각하기를 그쳤습니다. 그는 교도소에서의 생활을 될 수 있는 한 유쾌한 것으로 하는 길을 찾기 시작했습니다.

우선 그는 자신에게 몇 가지 질문을 해 보았습니다. 그리고 어른이 되어서 처음으로 그 해답을 성서 속에서 발견했던 것입니다. 교도소 감방

속에서 그는 성서를 읽기 시작하여 몇 번이고 몇 번이고 그것을 되풀이하여 읽었던 것입니다.

그리고 73세로 죽을 때까지, 그는 매일 인스피레이션과 그 인도의 도움을 구하여 성서를 계속 읽어 나갔던 것입니다.

태도를 바꾸었다는 것, 그리고 그 결과 그의 행실도 바뀌었다는 것에서 그는 교도소 관리에게 차츰 호감을 사기에 이르렀습니다. 그리고 어느 날 교도소 소장이 동력 공장에서 일하고 있는 한 모범수가 3개월 이내에 석방될 것이라는 이야기를 해주었습니다.

찰리 워드는 전기에 관해서는 거의 아무것도 모르고 있었으나 교도소 도서관에는 전기에 관한 책이 많이 있었으므로 책에 씌어져 있는 내용을 남김없이 읽고 배웠습니다.

3개월이 끝나 갈 때에 찰리는 준비가 완료되어 있었습니다. 그는 그 일을 지원했습니다. 그의 평소의 행동, 그의 말투가 교도소 소장에게 좋은 인상을 주었으므로 찰리 워드의 적극적인 마음가짐의 진정성과 성실성을 인정받아 그는 마침내 그 일을 배속받게 되었습니다.

그는 그 뒤에도 적극적인 자세로 배우고 동시에 일하기를 게을리하지 않았으므로 찰리 워드는 백 오십 명의 부하를 거느린 교도소 안의 동력공장 감독자가 되었습니다.

미네소타 주 센트폴에 있는 브라운 앤드 비지로우 사의 사장 허버드 비지로우가 소득세 탈세죄로 교도소에 들어왔을 때, 찰리 워드는 그와 친하게 되었습니다. 사실 그는 비지로우 씨가 수감 생활 환경에 일찍 적응할 수 있도록 여러 가지로 배려를 해 주었던 것입니다. 비지로우 씨는 찰리의 우정과 도움을 매우 고맙게 여겼으므로 교도소 생활이 끝나갈 무렵에 찰리에게 이런 제의를 했습니다.

"자네는 내게 아주 잘 해 주었어. 교도소를 나가면 꼭 센트폴로 오게 나. 일자리를 만들어 줄 테니까."

그로부터 5주일 뒤에 찰리도 교도소를 나왔으므로 센트폴로 갔습니다. 약속한 대로 비지로우 씨는 찰리에게 일자리를 주었습니다. 그는 주급 25달러의 노무자로서의 일자리를 얻게 되었던 것입니다. 찰리는 적극적인 마음가짐으로 일하였으므로, 1년 반쯤되자 직공 우두머리가 되었고, 다시 1년 뒤에는 감독으로 승진했습니다. 그러다가 마침내 부사장 겸 총지배인이 되었던 것입니다.

그 후 비지로우 씨가 죽자 찰리 워드는 브라운 앤드 비지로우 사의 사장이 되었습니다. 그리고 그가 죽을 때까지 그 자리에 머물러 있었던 것입니다. 이 기간 중 회사의 매출이 3백만 달러가 채 안 되었던 것을 연간 5천만 달러까지 끌어 올려서 브라운 앤드 비지로우 사는 같은 업종회사 가운데 최대의 회사가 되었던 것입니다.

워드의 적극적인 마음가짐과 불쌍한 사람을 도와 주려고 하는 열의 덕분으로 그 자신은 마음의 평화와 행복과 인생에서의 보다 좋은 것을 손에 넣었던 것입니다.

루즈벨트 대통령은 그의 모범적인 태도를 인정하여 그의 시민권을 복원시켜 주었습니다. 그를 알고 있는 사람은 모두 그를 최고로 평가하여 다른 사람을 돕는 본보기로 삼았던 것입니다.

그의 가장 특이하고 찬양할 만한 활동 가운데 하나는 교도소에서 출옥한 5백 명이나 되는 남녀를 고용한 것이라고 할 수 있습니다. 그들은 그의 엄격하면서도 이해성 있는 지도와 격려 밑에서 사회에 대한 복지 노력을 계속 도왔던 것입니다. 그는 자신도 복역수였다는 사실을 결코 잊지 않았습니다. 그는 그 상징으로서 옛 교도소에서의 죄수 번호를 그의 사무실 판걸이에 새겨놓고 있었습니다.

찰리 워드는 교도소로 갔으나 그것이 도리어 잘 된 일이었습니다. 왜 그랬을까요? 만일 그가 그때까지 걷던 방향으로 계속 걸어갔다면, 찰리 워드 자신도 어떻게 되었을지 모를 일이었습니다. 그러나 교도소에서 그는 자신을 바꾸는 일에 도전하였던 것입니다. 그는 개인적인 문제를 해결하는데 적극적인 사고방식을 사용하는 것을 배웠던 것입니다. 그는 자신의 세계를 보다 균형잡힌 좋은 세계로 만들었습니다. 그는 보다 선량하고, 보다 큰 사람이 되었던 것입니다.

다행한 일은 모든 사람들이 찰리 워드와 같은 어려운 문제에 직면하고 있는 것은 아닙니다. 그러나 찰리의 이야기 가운데에는 그가 소극적에서 적극적으로 태도를 바꾸었다고 하는 사실 외에도 배울 것이 또 있습니다.

당신은 찰리가,

"나의 최대의 과오는 나쁜 친구들과 한 패였다는 사실입니다."

하고 말한 것을 기억하고 있을 것입니다.

소극적인 생각이라고 하는 것은 흔히 전염성이 짙은 것이고, 나쁜 습관도 또한 그러합니다. 어울리고 있는 친구를 보면 그 사람을 알 수 있다고 하는 것도 이 때문입니다.

그러나 인생의 모든 문제가 그처럼 깊고 날카로운 성질의 것은 아닙니다. 직접적인 문제를 처리하는데 필요한 것이 재빠른 사고방식, 적응성, 문제의 원인이 되고 있는 정황 등을 알아보는 것만으로 끝나는 경우도 종종 있습니다.

실패를 성공으로 전환하려면, 실천을 수반하는 단 한 가지의 아이디어만으로도 좋은 경우가 생긴다는 것을 염두에 두시기 바랍니다.

실패 후 한 가지 아이디어로 재기한 사람

미국에 경제 공황이 닥쳤을 때 시카고에는 사무실이 줄지어 비어 있었습니다. 어느 빌딩이거나 빈 방 투성이었습니다. 반쯤만 채워져 있으면 양호하다고 여겨질 정도였습니다.

이 해는 사업상에 있어서는 최악의 해로서, 시카고의 부동산 업계에는 소극적인 분위기가 먹구름처럼 덮여 있었습니다.

"광고를 내봤자, 아무 소용도 없어. 돈이 없는 걸."

하는 의견이 곳곳에서 들려왔습니다. 이때 이 암담한 상황 속에서 어느 빌딩의 지배인이 적극적인 정신을 가지고 대처했던 것입니다.

그는 한 아이디어를 가지고 그것을 실천했던 것입니다.

이 사나이는 노드 웨스턴 생명보험회사가 저당잡았다가 손에 넣게 된 북 미시건 거리의 큰 빌딩을 경영하기 위해서 고용된 인물이었습니다. 그가 취임했을 때, 빌딩 임대는 불과 10% 밖에 차지 않았으나 1년 동안에 그것도 100% 채워졌고, 게다가 건물을 임대하려는 사람이 그밖에도 많이 대기하고 있었습니다.

그 비결은 무엇이었을까요? 그때 지배인은 세를 들 사람이 없는 빈 사무실 문제를 불운이라고 생각하지 않고, 오히려 도전의 기회라고 생각했던 것입니다.

다음은 어느 인터뷰에서 그가 설명한 비결입니다.

"나는 내가 무엇을 바라고 있는지를 분명히 알고 있었습니다. 나는 신용있는 전세자에 의하여 방이 모두 채워지기를 바라고 있었습니다. 나는 지금 상태로는 그런 것은 꿈과 같은 일이라는 것을 알고 있었습니다. 그리하여 다음과 같은 일을 함으로써 얻는 것은 있어도 잃는 것은 없다는 결론을 내릴 수 있었습니다.

'첫째, 내가 선택한 바람직한 전세자를 찾아낼 것이다. 둘째, 고객의 상상력을 자극해 줄 것이다. 시카고에서 가장 아름다운 사무실을 그들에게 제공할 것이다. 셋째, 훌륭한 사무실을 그들이 지금 내고 있는 세보다 비싸지 않은 임대료를 제공할 것이다. 넷째, 만일 1년 임대차 계약 조건으로 임대료를 우리에게 지불한다면, 현재의 임대차 계약에 관한 책임을 맡을 것이다. 마지막으로 전세자에게는 무료로 실내 장식을 다시 해줄 것이다. 솜씨있는 건축자와 실내 장식가를 고용하여 전세자의 취향에 맞게 실내의 디자인을 바꾸어줄 것이다.'

나는 이와 같이 판단했습니다.

'만일 앞으로 2, 3년간 세들 사람이 없다면, 나는 그 사무실에서 한 푼의 수입도 올리지 못할 것이다. 그러므로 위에서 말한 준비를 함으로써 나는 아무 것도 잃은 것이 없는 셈이다. 나는 연말까지 수입없이 견디어내지 않으면 안 될지도 모르지만, 그렇다고 아무 일도 하지 않고 있을 때보다도 더 나빠지지는 않을 것이다. 그것보다는 훨씬 더 좋아질 것이다. 그것은 만족한 전세자가 지금부터 장래를 위한 기대를 걸고 집세를 내줄 것이기 때문이다. 그 뿐만 아니라, 1년 계약으로 사무실을 빌려주고 있는 것은 어디서나 행하여지고 있는 습관이다. 대개의 경우, 전세자들의 임대차 계약은 불과 몇 달 밖에 남아 있지 않을 것이다. 그러므로 그들의 집세에 대한 것은 지나친 위험 부담이 되지 않을 것이다. 만일 전세자가 계약한 일 년의 마지막이 된다면, 그 방을 다시 빌리는 것은 비교적 쉬울 것이고, 그 방을 다시 정비하는 데는 그다지 비용이 들지 않을 것이다.'

결과는 놀라운 것이었습니다. 새로 꾸며진 사무실은 이전보다 훨씬 이름답게 보였습니다. 전세자도 적극적으로 호응하여 임대인들은 추가로 돈을 냈습니다. 어떤 경우 전세자는 사무실을 다시 꾸미는데 2만 2천 달러의 추가금을 냈을 정도였습니다. 당초에 겨우 10% 밖에 채워져 있지 않던 빌딩이 100% 완전히 채워졌습니다. 임대차 기간이 끝나도 나가려는 입주자는 한 사람도 없었습니다. 그들은 모두가 이 새로운 초현대적인 사무실에 만족하고 있었습니다. 그리고 나는 최초의 1년 계약 기간이 되더라도 집세를 올리지 않음으로써, 그들의 영원한 호감을 사게 했던 것입니다."

문제에 대처하는 마음가짐의 차이

이와 같은 차이는 문제에 맞선 각 빌딩 지배인의 마음가짐에서 온 것입니다. 그러나 어떤 사람은 "문제가 생겼다. 이거 야단났군!" 하고 절망의 말을 했습니다. 다른 한 사람은 "문제가 생겼다. 그건 좋은 일이야!" 하고 말했습니다.

문제를 좋은 면에서 파악하려고 하는 사람은 PMA의 진정한 핵심을 이해하고 있는 사람입니다. 유효한 아이디어를 내고, 그것을 실천으로 뒷받침한 사람은 실패를 성공으로 바꿀 것입니다.

문제나 어려움을 일어날 수 있는 최선의 것으로 전환한다고 하는 이 패턴은 또 다른 문제와 어려움을 좋은 방향으로 바꾸는 계기가 되는 것입니다.

그리고 만일 당신이 역경을 그에 따르는 보다 큰 이익의 씨앗으로 전환하는 방법을 배운다면, 그것은 더욱더 좋은 일입니다. 어쩌면 당신은 그 원리를 모를지도 모릅니다. 그러나 '보는 것을 배워라!'라고 제목을 정한 다음, 뒤의 장은 당신에게 도움을 줄 것입니다.

〈지침 5〉 당신이 간직해야 할 생각

1. 당신에게 문제가 생겼다면, 그것은 좋은 일이다. 당신이 문제에 부딪쳐서 적극적인 마음가짐으로 그것을 정복할 때마다 당신은 보다 나은, 보다 큰 성공을 거둔 사람으로 성장하기 때문이다.

2. 누구나 문제는 가지고 있다.

3. 변화의 도전에 의하여 야기된 문제에 대처하는 데 성공하느냐 실패하느냐는, 당신의 마음가짐에 따라서 결정된다.

4. 당신의 생각을 지도하고 감정을 조절하며 운명을 스스로 결정하라.

5. 문제가 일어나면 첫째, 연구하라. 둘째, 문제를 분명히 말하라. 셋째, 그것을 분석하라. 넷째, '그것은 좋은 일이다!'하고 적극적인 마음가짐을 가져라. 다섯째, 역경을 보다 큰 이익의 씨앗으로 바꾸어라.

6. 찰리 워드는 변화의 도전에 잘 대처한 훌륭한 실례이다.

7. 실천이 수반된 한 가지 좋은 아이디어는 실패를 성공으로 바꿀 수가 있다.

제2장
보는 것을 배워라

조지 캠벨은 태어나면서부터 장님이었습니다.

의사는 그것을 '선천적 백내장'이라고 진단했습니다.

조지의 아버지는 그 말을 믿을 수 없다는 표정으로 의사를 바라보았습니다.

"어떻게 손을 쓸 수는 없겠습니까? 수술을 해도 낳지 않을까요?"

"불가능합니다."

하고 의사는 잘라 말했습니다.

"아직까지 이 병을 고칠 방법은 알려져 있지 않습니다."

조지 캠벨은 앞을 볼 수가 없었지만, 양친의 사랑과 신앙은 그의 인생을 풍요한 것으로 만들었습니다. 아직 어린 철부지였기 때문에 그는 자기가 무엇이 부족한가를 알지 못하고 있었습니다.

그리고 그 뒤, 조지가 여섯 살이 되었을 때, 그가 이해할 수 없었던 어떤 일이 일어났던 것입니다.

어느 날 오후, 그는 동네 어린이들과 놀고 있었습니다. 그런데 빌이라는 아이가 조지가 장님이라는 것을 잊고 그에게 공을 던졌습니다.

"이봐. 공에 맞게 돼!"

그러나 공은 조지에게 맞지 않았습니다. 그리고 두 번째로 있을 수 없는 일이 일어났던 것입니다. 그때 그는 어머니에게 물었습니다.

"빌은 어째서 내가 알기도 전에 무슨 일이 일어날지를 알았죠?"

어머니는 깊은 한숨을 내쉬었습니다. 그것은 그녀가 가장 두려워하고 있던 일이 마침내 닥쳐왔기 때문입니다. 비로소 어린 아들에게 '너는 장님이란다.'는 가혹한 말을 알려주지 않으면 안 되었기 때문입니다.

"앉거라, 조지야."

그녀는 다정하게 아들의 손을 잡고 말했습니다.

"나 역시 뭐라고 설명해야 좋을지 모르겠구나. 네가 아직은 알 수 없는 일일지 모르지만, 이렇게 얘기하면 어떨까 싶구나……."

그리고 다정하게 그의 작은 손 하나를 자기 손으로 꼭 잡고 아들의 손가락을 세기 시작했습니다.

"하나, 둘, 셋, 넷, 다섯, 이 손가락은 오감五感이라고 하는 것과 같단다."

그녀는 엄지손가락과 검지손가락 사이에 그의 손가락을 끼우고는 설명을 하면서 하나하나 만졌습니다.

"이 손가락은 듣기 위한 것, 이 손가락은 만지기 위한 것, 이 손가락은 냄새 맡기 위한 것, 이건 맛을 보기 위한 것."

이 같이 말하고 그녀는 계속해서 말하기를 잠시 망설였습니다.

"이 작은 손가락은 보기 위한 것이란다. 그리고 다섯 개의 각 손가락과 같이 각각의 오감이 네 머리에 신호를 보내도록 되어 있단다."

그리고 그녀는 '보기 위해'라고 말한 작은 손가락을 조지의 손바닥에

닿도록 구부렸습니다.

"조지야, 넌 다른 아이들과는 다르단다."

하고 그녀는 설명했습니다.

"넌, 네 개의 손가락밖에 가지고 있지 않듯이, 네 개의 감각밖에 쓸 수가 없다는 거다. 듣는 일, 만지는 일, 냄새 맡는 일, 맛보는 일은 할 수 있지만, 보는 감각은 가지고 있지 않단다. 자, 그러면 지금 어떤 일을 해 보이겠다. 잠깐 일어나 보렴."

하고 그녀는 다정하게 말했습니다.

조지는 일어섰습니다. 그러자 어머니는 공을 집어 들었습니다.

"자아, 이걸 잡을 수 있게 손을 내밀어 보아라."

하고 그녀가 말했습니다.

조지는 손을 내밀었습니다. 그리고 곧 자기 손가락에 딱딱한 공이 닿는 것을 느꼈습니다.

"옳지, 옳지!"

하고 어머니가 말했습니다.

"네가 지금 한 것을 잊지 말아라. 조지야, 넌 다섯 개의 손가락 대신에 네 개의 손가락으로 공을 잡을 수가 있어. 넌 네가 그럴 마음이 있다면, 다섯 개의 손가락 대신 네 개의 감각으로 충실하고 행복한 생활을 잡을 수가 있단다."

조지의 어머니는 비유적인 이야기를 했던 것입니다. 그리고 이같은 단순한 이야기 방법으로도 사람과 사람 사이에 생각을 전달하는 가장 빠르고 효과적인 수단이 될 수 있는 것입니다.

조지는,

"다섯 손가락 대신에 네 손가락을!"

하는 상징을 결코 잊지 않았습니다.

그 방법은 그에게 희망을 상징하는 삶의 방편이었습니다. 그리고, 그가 자기의 핸디캡 때문에 용기가 꺾여 있을 때에는 언제나 자신을 격려해 주는 도구로서 이 상징을 사용했던 것입니다. 그것은 그에게 일종의 자기 암시가 되었던 것입니다.

소년 조지는 '다섯 손가락 대신 네 손가락을' 하는 말을 몇 번이고 되풀이했습니다. 필요한 때에는 언제나 그것이 그의 잠재의식에서 의식의 표면으로 떠올랐던 것입니다.

그리고 그는 어머니가 옳았다는 것을 깨달았습니다. 그는 조화된 인생을 보낼 수가 있었고, 자기가 가지고 있는 네 감각을 사용하여 삶의 길을 지켜나갈 수가 있었던 것입니다.

그러나 조지 캠벨의 이야기는 여기서 끝난 것이 아닙니다.

고등학교에 다니고 있던 시절 소년은 병에 걸렸습니다. 그래서 입원할 필요가 있었던 것입니다. 조지가 회복기에 이르렀을 때, 아버지가 의학의 발달로 선천적 백내장이 치료될 수 있게 되었다고 하는 기쁜 소식을 가지고 왔던 것입니다. 물론 실패할 가능성도 있었습니다. 그러나 성공할 가능성 쪽이 실패할 가능성보다 훨씬 컸습니다.

조지는 보이게 되는 것을 몹시 바라고 있었으므로 볼 수만 있다면 설혹 실패의 모험을 무릅쓰는 일 따위는 아무렇지도 않게 여겼습니다.

그 뒤 6개월 동안에 걸쳐 눈을 네 번이나 아주 어려운 외과 수술을 받았습니다. 조지는 며칠 동안 두 눈을 붕대로 감고 병원 암실에 누워 있었습니다.

그러다가 마침내 붕대를 풀어야 하는 날이 다가왔습니다. 천천히 주의 깊게 의사는 조지의 두 눈을 감은 붕대를 제거해 갔습니다.

조지 캠벨은 아직 전문적으로 말한다면 장님이었습니다.

두려운 한순간, 그는 생각에 잠긴 채 누워있었습니다. 그리고 그 다음 그는 의사가 침대에서 멀어져 가는 소리를 들었습니다. 그 다음 무엇인가 그의 두 눈에 놓여져 있었습니다.

"어때요, 보여요?"

의사의 질문이 들려왔습니다.

조지는 베개에서 조금 머리를 들었습니다. 그의 눈 속으로 어렴풋하게 빛줄기가 들어왔습니다.

"조지!"

하고 외치는 목소리가 들렸습니다. 그것은 어머니의 목소리였던 것입니다.

18년간의 인생 가운데 처음으로 조지 캠벨은 자기를 낳아준 어머니를 보게 되었던 것입니다. 거기에는 피곤해 보이는 눈, 주름이진 62세의 얼굴, 거친 손이 있었으나, 조지에게 어머니는 무엇과도 견줄 수 없는 아름다움이었습니다.

그에게 있어서 그녀는 천사였습니다. 노력과 인내의 세월, 교육과 계획의 세월, 그의 눈이 되어 주며 흘러간 세월, 사랑과 감동 —그것이 조지가 발견한 것이었습니다.

지금도 그는 이 최초로 본 모습 즉, 자기의 어머니를 본 인상을 마음에 새겨두고 있습니다. 그리고 여러분도 알고 있는 바와 같이, 그는 그 최초의 경험에서 보는 감각에 감사하는 것을 배웠던 것입니다.

"그것없이 살아나가지 않으면 안 되는 것을 겪어보지 않는다면, 아무도 보는 것의 기적을 이해할 수가 없을 것입니다."

하고 그는 말했습니다.

보는 것은 배우는 과정이다

또한 조지는 적극적인 마음가짐의 연구에 흥미를 가지고 있는 사람이라면, 누구에게나 도움이 된다는 것을 배웠던 것입니다. 그는 앞에 서 있는 어머니의 목소리를 듣기까지는 그녀가 누구인지를 —아니 그녀가 무엇인지조차도 알지 못했던 그 첫날의 일을 결코 잊지 못할 것입니다.

조지는 이와 같이 지적하였습니다.

"우리가 보는 것은 마음의 판단입니다. 우리는 자신이 보는 것을 해석하기 위해 마음을 훈련하지 않으면 안 됩니다."

이 견해는 과학에 의해서도 뒷받침되고 있습니다. 사무엘 렌쇼 박사는 보는 것의 심리 과정을 설명하면서 다음과 같이 말하고 있습니다.

"보는 것의 대부분 과정은 눈에 의해서 이루어지는 것은 아닙니다. 눈은 마치 손을 뻗어 뜻 없는 '물체'를 잡고, 그것을 뇌속으로까지 가지고 가도록 작용을 하는 것입니다. 그리하여 뇌는 그 물체를 기억으로 넘겨 줍니다. 뇌가 비교함으로써 그것을 해석할 때까지 본다고 하는 현상은 일어나지 않습니다."

어떤 사람은 우리 주위에 있는 힘이나 아름다움을 거의 '보는' 일없이 그의 생애를 보내고 있습니다. 우리는 눈이 뇌의 심리 과정을 통하여 우리에게 주는 정보를 바르게 파악하고 있다는 것입니다. 그 결과 우리는 자주, 어떤 것을 보더라도 보지 않는 것으로 되어버리는 것입니다. 우리는 그것이 어떠한 뜻이 있는가 하는 것을 알지 못한 채, 다만 육체적인 인상만을 받아들이는 경우가 많습니다. 다시 말한다면 우리는 뇌로 보내어진 인상에 PMA를 작용시키지 않는다는 것입니다.

당신의 마음의 시력을 체크해 본 일이 있습니까? 육체의 시력을 체크

하는 것은 전문의의 일이지만, 마음의 시력도 육체의 시력과 같이 왜곡되는 경우가 있다는 것입니다. 그렇게 되면 당신은 그릇된 생각의 안개 속을 더듬어 나가게 되고…… 필요하지도 않은데, 자신이나 남을 해치게 되는 것입니다.

가장 일반적인 눈의 육체적 약함은 근시와 원시의 두 가지 정반대의 극단인 바, 마음의 시력의 왜곡에도 이와 같은 것이 있습니다.

정신적으로 근시인 사람은 멀리 있는 대상이나 가능성을 보지 못합니다. 그는 바로 눈 앞에 있는 문제에만 주의하고, 미래를 향하여 생각하거나 계획함으로써 손에 넣을 수 있는 기회에 대해서는 장님입니다. 만일 당신이 계획하거나 목표를 세우거나, 장래를 위해서 기초를 쌓거나 하지 않는다면 당신은 근시입니다.

다른 한편, 정신적으로 원시인 사람은 바로 눈 앞에 있는 가능성을 지나쳐 버리는 경향이 있습니다. 곁에 있는 기회를 보지 않는 것입니다. 이와 같은 사람은 현재와는 아무런 관계도 없는 미래의 꿈의 세계만을 보고 있는 것입니다. 또한 한 걸음 한 걸음 올라가는 대신에 단번에 정상으로 뛰어오르려고 합니다. 그리고 쉽게 정상으로 뛰어오를 수 있는 일은 발밑에 구멍을 파는 일이라는 것을 알지 못합니다.

그들은 보았고, 본 것을 인정했다

그러므로 보는 것을 배우는 과정에서 당신은 가까이 보는 눈과 멀리 보는 눈의 두 가지를 몸에 익히려고 생각할 것입니다. 자기 바로 앞에 있는 것을 보는 방법을 알고 있는 사람의 이익은 매우 큰 것이 있음을 알아야 합니다.

몬태나 주의 더비라는 작은 마을에 살고 있는 사람들은 오랜 동안 그들이 크리스탈 산이라고 부르는 산을 매일 올려다 보며 살고 있었습니다. 그 산은 침식작용에 의하여 암염_{岩鹽}과 같이 반짝이는 크리스탈 광맥을 노출하고 있었으므로 이같이 부르고 있었던 것입니다. 그 노출 머리 부분까지 오랜 세월에 걸쳐 길이 트였지만, 누군가가 그 반짝이는 물질 한 조각을 집어들고 실제로 그것을 관찰한 것은 그로부터 훨씬 훗날의 일이었습니다.

캔레이와 톰프슨이라고 하는 두 사람이 마을에 진열되어 있던 광물 콜렉션을 본 것입니다. 톰프슨과 캔레이는 곧 크리스탈 산의 채광권을 손에 넣었습니다. 톰프슨은 광석 견본을 광산국으로 보내고, 그와 동시에 광석의 '광상_{鑛床 : 땅속에 묻혀있는 광물의 채굴량}'을 감정하기 위해서 조사관을 파견해 주도록 요청했습니다.

그 해가 저물어 갈 무렵 광산국은 불도저를 산 위까지 올려다가, 그 광맥이 귀중한 베릴륨의 세계 최대 광산 중에 하나인가 어떤가를 조사하기 위해서 노출된 부분을 파헤치기 시작했습니다. 지금은 흙을 나르는 대형 트럭이 줄을 이어 그 산으로 올라가서 극히 비중이 높은 광석을 산 밑까지 운반해 오고 있습니다. 그리고 산기슭에서는 'US스틸 사'와 정부 대표자가 그 귀중한 광석을 매입하기 위해 돈다발을 들고 기다리고 있습니다.

이 모든 것은 어느 날 두 사람의 젊은이가 그들의 눈으로 관찰했을 뿐만 아니라, 그들의 마음으로 보는 노고를 아끼지 않았기 때문입니다. 지금 이 두 사람은 억만장자의 길을 착실히 걸어가고 있습니다.

창조적으로 보라

심리적으로 원시인 사람은 그의 마음의 눈이 왜곡되어 있었다고 한다면, 톰프슨과 캔레이가 한 것과 같은 적극적인 일은 하지 못했을 것입니다. 왜냐하면 그는 자기의 발밑에 널려져 있는 금덩이를 알지 못하고, 먼 곳에 있는 이익밖에 볼 수가 없기 때문입니다.

혹시 당신의 집 대문에 갑자기 행운이 굴러들어온 것을 놓치지는 않았습니까? 주위를 잘 둘러보십시요. 당신이 집안의 자질구레한 일을 하며 맴돌고 있을 때에 무엇인가 사소한 초조감의 원인이 되는 것과 마주치는 일은 없었습니까? 아마도 당신은 그것을 극복하는 방법 — 당신뿐만이 아니고, 다른 사람에게도 도움이 될 만한 방법을 발견해 낼 수가 있을 것입니다.

이와 같은 가정의 필요를 충족시킴으로써 재산을 모은 사람도 많이 있습니다. 머리핀을 발명한 사람도 그러했고, 종이를 끼우는 클립을 연구한 사람도 그러했습니다. 지퍼를 발명한 사람도 마찬가지입니다.

당신의 주위를 둘러보십시요. 보는 일부터 배울 일입니다. 당신은 뒷뜰에서 다이아몬드 산을 발견할지도 모를 일입니다.

그러나 정신적인 근시에도, 정신적인 원시의 경우와 같은 문제가 있습니다. 이와 같은 사람은 바로 눈 앞에 매달려 있는 것만을 보고, 조금 먼 곳에 있는 가능성은 전연 느끼지 못하는 것입니다.

이와 같은 사람은 '계획의 힘'을 이해하지 못하는 사람입니다. 생각하는 시간이라고 하는 것의 가치를 이해하지 못하는 사람이기도 합니다. 그는 자기에게 직접 향하고 있는 문제에 지나치게 구애됨으로써 새로운 기회를 찾거나 보다 큰 꿈을 잡기 위해서 먼 곳에 도달하는 마음의 자유를 가지고 있지 않은 것입니다.

미래를 볼 수 있다고 하는 것은 인간 두뇌의 가장 눈부신 기능 가운데 하나입니다.

플로리다의 감귤 농장 중심부 깊은 안쪽에 윈터 헤븐이라고 불리는 작은 마을이 있습니다. 주위는 농가뿐이었으므로 대개의 사람들에게, 이 지방은 관광객을 유치하기에는 적합하지 않은 고장이라고 여겨졌던 것도 무리는 아니었습니다. 그곳은 아주 고립된 고장으로 해변도 없으려니와 산도 없고, 있는 것이라고는 다만 골짜기에 작은 호수와 측백나무의 소택지가 있는 완만한 기복을 이룬 구릉이 있을 뿐이었습니다.

그러나 다른 사람들이 이제까지 한번도 살펴본 적이 없는 눈으로 이와 같은 측백나무의 소택지를 '본' 사람이 이 고장을 찾아온 것입니다. 그의 이름은 리처드 호프라고 했습니다. 호프는 이들 옛 측백나무의 소택지를 사들여 그 둘레에 울타리를 두르고, 얼마 안 가서 그것을 세계적으로 유명한 측백나무 정원을 백만 달러의 값어치가 나가는 장소로 만들었던 것입니다.

물론 그것은 입으로 말하는 간단한 일은 아니었습니다. 모든 것은 호프가 그의 입장에서 기회를 '볼' 수가 있었던 덕분입니다.

예컨대, 선전이 중요한 역할을 했습니다. 호프는 대중을 인가와 동떨어진 외딴곳으로 데리고 올 수가 있는 유일한 방법은 선전의 연막에 의지하는 길밖에 없다는 것을 잘 알고 있었습니다. 그러나 선전에는 그만큼 돈이 소요됩니다.

그러나 호프가 한 일이란, 극히 간단한 것이었습니다. 그는 대중을 상대로 사진관을 개업했던 것입니다. 측백나무 정원에서 사진 재료점을 열고 관광객에게 필름을 팔며, 정원의 풍경을 어떻게 찍으면 좋은가

하는 것을 가르쳐 주었습니다.

그는 숙련된 수상 스키어를 고용하여 그들에게 여러 가지 연기를 하게끔 하여 그것을 멋지게 찍으려면 카메라를 어떻게 사용하면 좋은가를 알려주었습니다. 그리고 이들 여행자가 자기 집으로 돌아갈 때에는 가장 훌륭한 여행 사진은 측백나무 정원이었다고 말하게 되었던 것입니다. 그들은 호프를 위해서 더할 나위없는 선전을 해 주었던 것입니다.

우리 모두가 몸에 익히지 않으면 안 되는 '창조적으로 본다'는 것은 이와 같은 것을 가리킵니다. 그러므로 우리는 신선한 눈으로 우리들의 세계를 보는 방법을 배우지 않으면 안 됩니다.

우리 주위에 흩어져 있는 기회를 볼 뿐만 아니라, 동시에 닥쳐올 기회를 위해서 미래를 바라보는 눈도 키워야 합니다.

보는 것은 배울 수 있는 기술입니다. 그러나 어떤 기술도 그러하듯이 그것은 연습을 할 필요가 있습니다.

자신에게 질문하라

당신을 괴롭히고 있는 문제에 대해서 당신 자신이나 타인에게 질문해 본다는 것은 당신에게 크나큰 보상을 안겨 줄지도 모릅니다. 질문을 함으로써 세계적으로 위대한 과학적 발견이 이루어졌던 한 예를 소개하겠습니다.

할머니 농장에서 휴가를 즐기고 있던 한 젊은 영국인은 아주 마음이 태평스러웠습니다. 그는 뒷뜰의 사과나무 그늘에서 뒹굴며 생각에 잠겨 있었습니다. 그때 한 개의 사과가 땅으로 떨어졌습니다. 이 젊은이는 고등 수학을 공부하고 있던 학생이었습니다.

"어째서 사과는 땅으로 떨어지는 것일까?"

그는 자문해 보았습니다.

"대지가 사과를 끌어당기는 것일까? 사과가 대지를 끌어당기는 것일까? 아니면 양자가 서로 끌어당기는 것일까? 거기에 있는 보편적인 원리는 무엇일까?"

아이잭 뉴턴은 여러 가지 생각한 끝에 한 가지 원리를 발견했습니다. 생각하는 것은 마음으로 보는 일입니다. 마침내 그는 구하고 있던 답을 발견했습니다.

'대지와 사과는 서로 끌어당기고 있는 것이다. 그리고 물체와 물체의 인력 법칙은 온 우주에 적용되는 것이다.'

뉴턴이 인력의 법칙을 발견한 것은 그의 관찰력이 날카롭고, 관찰한 것에 대한 해답을 찾았기 때문입니다. 관찰력을 발휘하고, 그가 깨닫게 된 것에 따라서 행동한 또 한 명의 사람은 행복과 크나큰 부를 발견했습니다. 뉴턴은 자신에게 질문을 한 것이었으나, 다른 한 사람은 전문가의 조언을 구했던 것입니다.

조언을 받아들였기에 부자가 될 수 있었다

일본의 도바鳥羽 마을에 열한 살 짜리 오기모도 고우기찌御木本幸吉는 마을의 국수 장수였던 아버지의 일을 도와주고 있었습니다. 그런데 그의 아버지는 병이 나서 일을 할 수가 없게 되었습니다. 그리하여 이 소년이 여섯 명의 남동생과 세 명의 여동생, 두 양친을 부양하지 않으면 안 되게 되었던 것입니다.

어린 오기모도는 국수를 만들 뿐만 아니라, 그것을 팔아야 하는 행상까지 했습니다. 그의 장사꾼으로서의 재능은 이 무렵부터 싹트기 시작한 것입니다.

오기모도는 전에 어떤 무사의 가르침을 받은 일이 있었는데, 그 가르침 가운데 이런 것이 있었습니다.

"진정한 신앙의 본보기는 이웃에 대한 친절과 사랑을 실천하는 것이지, 기계적으로 되풀이하기만 하는 기도에 있는 것은 아니다."

적극적으로 행동한다고 하는 이 기본적인 철학으로써 오기모도는 실천하는 사람이 되었던 것입니다. 그는 아이디어를 실천으로 옮기는 습관을 몸에 익혔습니다.

스무 살이 되었을 때, 그는 어떤 무사의 딸과 사랑에 빠졌습니다. 이 젊은이는 장차 장인될 분이 국수 장사와 딸을 결혼시키는 것을 좋아하지 않을 것이라는 것을 깨달았습니다. 그리하여 그는 어떻게 하던지 장인될 사람의 환심을 사려고 직업을 바꾸어 진주를 파는 보석 상인이 되었습니다.

세계 여러 나라의 성공한 많은 사람들과 마찬가지로, 오기모도 역시 이 새로운 활동 영역에서 자기에게 도움이 되리라고 여겨지는 특별한 지식을 계속 찾았습니다. 그리고, 오늘날의 위대한 사업가와 마찬가지로 대학으로부터 학술적인 조언을 구하였습니다.

어떤 대학 교수가 아직 실험되고 있지 않은 자연 법칙의 학설을 오기모도에게 일러주었던 것입니다. 담당 교수는 이같이 말했습니다.

"예컨대 진주는 모래알과 같은 이물의 물체가 조개속으로 들어가 형성되는 것이다. 만일 그 이물이 조개를 죽여버리지 않는다면, 자연의 힘으로 그 이물은 조개의 껍질 속에서 어미 진주를 만드는 분비물로 싸이게 될 것이다."

오기모도는 가슴이 두근거렸습니다. 그는 자기가 내놓은 다음 질문에 대한 해답을 얻는 것이 못 견디게 기다려질 정도였습니다.

"조개속에 인공적으로 작은 이물을 넣고 자연이 그것을 성장시킴으로써 진주를 양식시킬 수가 없을까?"

그는 이 학설을 이제까지 몸에 붙인 적극적 행동으로 전환시켰습니다.

오기모도는 그 대학 교수에 의하여 '보는' 것을 배웠던 것입니다.

다음에 그는 자신의 상상력을 이용한 것입니다. 그는 적극적인 사고 방식을 적용하여 연역법演繹法을 사용했습니다. 그는 만일 이 이물이 조개에 들어갔을 때에만 진주가 만들어지는 것이라고 한다면, 자연의 법칙을 사용함으로써 인공적으로 진주를 만들어 낼 수가 있을 것이라고 판단했습니다. 그는 관찰하고 실천하는 것을 배우고 그 덕분으로 성공을 거두었습니다.

그런데 오기모도의 연구는 그의 성공의 17가지 원칙을 모두 사용하고 있었음을 나타내고 있습니다. 지식만으로 당신은 성공할 수 없습니다. 지식을 응용함으로써 성공자가 될 수 있는 것입니다. 그와 동시에 행동이 따라야 합니다.

또한 우리는 많은 사람들이 정신적인 지각을 사용하는 법을 배움으로써 성공한 예를 보아왔습니다. 보는 능력은 눈의 망막을 통하여 광선을 잡는다고 하는 육체적 과정에 그쳐서는 안 됩니다. 당신은 본 것을 해석하고, 당신의 인생과 생활에 적용하는 기술이 필요한 것입니다.

보는 것을 배움으로써 당신은 이제까지 존재한다고는 꿈에도 생각지 못했던 기회를 포착할 수가 있을 것입니다. 그러나 성공하기 위해서는 정신적인 지각을 아는 이상으로 적극적인 마음가짐을 사용하는 것이 중요합니다. 또한 당신은 자신이 배운 것을 실천하는 법도 배우지 않으면 안 됩니다. 행동이 중요한 것은 행동을 함으로써 당신은 일을 성취시킬 수가 있기 때문입니다.

오래 기다릴 필요가 없습니다. 다음 장의 '일을 성취시키는 비결'을 읽고, 적극적인 마음가짐에 의한 성공의 계단을 한 단계 더 올라가 보기를 바랍니다.

〈지침 6〉 당신이 간직해야 할 생각

1. 보는 것을 배워라! 보는 것은 배우는 과정이다. 보는 것의 10분의 9는 뇌에 도달할 수 있게 되어 있다.

2. 다섯 손가락 대신에 네 손가락을! 이것은 장님인 소년 조지 캠벨이 행복한 인생을 잡은 상징이었다.

3. 보는 것은 연상에 의하여 배울 수 있다. 조지 캠벨이 최초로 어머니를 본 것은 그녀의 목소리라는 것을 알았을 때, 비로소 새로운 삶을 발견한 것이다.

4. 보는 것—본 것을 인정할 일이다. 당신의 뒷뜰에도 다이아몬드의 산이 있을지도 모른다.

5. 근시가 되어서는 안 된다.—미래를 보아야 한다. 측백나무 정원이 현실의 것으로 된 것은 리처드 호프가 뚜렷한 장래의 목표로서 보았기 때문이다.

6. 당신이 이 책에 씌어져 있는 원리를 어떻게 하면 자기 자신의 생활에 관련시키고 동화시킬 수가 있는가를 보아야 한다.

7. 자연에서 배워라. 그 방법은 아이잭 뉴턴이 한 것처럼, 몇 가지 질문을 자신에게 해 볼 일이다. 만일 당신이 그 답을 모른다고 하면, 전문가의 조언을 구하라.

8. 당신이 본 것을 행동에 의하여 현실로 바꾸어라. 오기모도는 그렇게 함으로써, 진주에 관한 학설을 큰 재산으로 바꾸었던 것이다.

제3장
일을 성취시키는 비결

일을 성취시키는 비결을 당신 인생의 일부로 하려면 어떻게 하면 좋을까요? 습관에 따라서 행하면 성공할 수 있습니다. 그 습관은 반복함으로써 형성되는 것입니다.

위대한 심리학지이며, 철학자였던 윌리엄 제임스는 말했습니다.

"행동의 씨앗을 뿌리면 습관의 열매가 맺고, 습관의 씨앗을 뿌리면 성격의 열매가 맺으며, 성격의 씨앗을 뿌리면 운명의 열매가 맺는다."

그는 당신을 성공자로 만들어 내는 것은 '당신의 습관이다'라고 말하고 있는 것입니다. 당신은 자신의 습관을 자유롭게 선택할 수 있습니다. 당신은 셀프 스타트^{자동차 따위의 자동 시동기에서 유래한 말로서, 무엇이나 자발적으로 행동하는 사람을 가리킨다}를 사용한다면, 당신이 바라는 어떠한 습관일지라도 몸에 익힐 수 있습니다.

그렇다면 일을 성취시키는 비결이란 무엇일까요? 그리고 이 위대한 비결을 사용하는 것을 당신에게 강요하는 셀프 스타트란 무엇일까요?

일을 성취시키는 비결은 행동하는 일입니다. 셀프 스타트란 '곧 착수하라!'고 하는 자기 자신을 움직이게 하는 힘을 가리킵니다.

언제라도 당신은 그것이 바람직한 행동이 아닐 때 '곧 착수하라!'고 말해서는 안 됩니다. 그러나 행위가 바람직한 것으로 '곧 착수하라!'고 하는 신호가 잠재의식에서 의식으로 번득였을 때에는 곧 행동할 일입니다.

'작은 일이라도 곧 착수하라!'고 하는 셀프 스타트에 걸렸을 때는 언제나 실천해야 합니다. 그렇게 하면 당신은 반사 감응의 습관을 재빨리 몸에 익히고, 그것이 매우 강렬하므로 기회가 닥쳤다면 즉각 행동할 수 있어야 합니다.

예컨대, 당신이 바로 응답하지 않으면 안 되는 벨이 울리고 있다고 합시다. 그러나 당신에게는 머뭇거리는 경향이 있어 쉽게 전화를 받지 못합니다. 그러나 '곧 착수하라!'고 하는 셀프 스타트가 당신의 잠재의식에서 의식으로 번득이면, 당신은 곧장 행동에 옮겨 전화를 받게 될 것입니다.

작가 웨일즈는 이와 같은 일을 성취시키는 비결을 배운 사람이었습니다. 그것을 실천했기에 많은 작품을 쓸 수 있었습니다. 그는 좋은 아이디어가 떠오르면, 결코 그대로 놓쳐버리는 일이 없었습니다. 그 아이디어가 아직 생생하게 번득이고 있을 때 곧바로 메모해 두었던 것입니다. 이와 같은 일은 한밤중에 일어나는 경우도 있습니다. 어떠한 경우일지라도 웨일즈는 침대 곁에 놓아두고 있던 종이와 연필을 집어들어, 그것을 적어 놓은 뒤에야 다시 잠이 드는 것이 습관처럼 되어 있었습니다.

보통이라면 잊혀져 버릴 것 같은 아이디어가 떠올랐을 때 적어 둔 인스피레이션의 번득임을 봄으로써 그 기억을 새롭게 하여 다시 되살아나는 것입니다.

웨일즈의 이 습관은 행복한 생각이 떠올랐을 때, 당신이 미소짓는 것과 같이 자연스럽게 나오는 것이었습니다.

많은 사람들에게는 우물쭈물 망설이는 습관이 있습니다. 그리고 그 때문에 약속을 잊어버린다든가, 일에 늦어지든가, 혹은 더욱 중요한 것—자신의 인생을 보다 좋게 바꿀 수 있는 기회를 놓치는 계기가 되기도 합니다. 누군가가 적절한 행동을 취하는 것을 연기했기 때문에 전쟁에서 패배한 예는 전사戰史에 수 없이 기록되어 있습니다.

'PMA—성공의 과학' 강좌에 출석하는 새로운 수강생 가운데에는 우물쭈물하는 습관을 빨리 버려야겠다고 생각하고 있는 사람이 가끔 있는데, 그와 같은 경우 우리나폴레온 힐 / 클레멘트 스톤는 일을 성취시키는 비결을 그들에게 가르쳐 줍니다.

그것은 그들에게 셀프 스타트를 주는 일입니다. 우리는 셀프 스타트가 제2차 세계대전의 전쟁 포로에게 어떠한 의미를 주었는가를 이야기함으로써 그들을 자극 받도록 하고 있습니다.

'셀프 스타트'는 과연 무엇인가

케비스 하몬은 일본군이 상륙했을 때 마닐라 해군에 소속되어 민간인 신분으로 근무하고 있었습니다. 그는 일본군에 잡혀 이틀 동안 호텔에 갇혔다가 포로수용소로 보내졌습니다.

첫날 케비스는 같은 방의 사람이 베게 밑에 한 권의 책을 넣어 두고 있는 것을 보자, 그 사람에게 그 책을 빌렸습니다.

그 책은 『생각하라, 그러면 부자가 된다』였습니다. 케비스는 그 책을

통하여 한쪽에 PAM, 다른 한쪽에는 NMA라고 하는 눈에 보이지 않는
부적을 가진 이 세상에서 가장 중요한 인물을 만났던 것입니다.

그는 그 책을 읽기 전까지 참혹한 절망감을 가지고 있었습니다. 포로
수용소 안에서 일어날 수 있는 고통과 죽음까지 생각하고 하루하루 공
포감에 떨고 있었습니다. 그러나 그 책을 읽으면서 그의 태도는 희망으
로 가득찬 모습으로 변모되어 갔습니다.

그는 그 책을 자기의 것으로 하고 싶다는 강렬한 마음을 품게 되었습
니다. 이 무서운 하루하루를 위안받기 위해서 그것을 자기 손 안에 간직
하고 싶다는 간절한 바람이 있었던 것입니다. 한 방에 있는 포로 친구와
책에 관한 이야기를 주고 받는 동안 중요한 뜻을 가지고 있는 책이라는
것을 깨닫게 되었습니다.

"이걸 베껴도 좋겠나?"

"좋구말구! 어서 베끼게."

케비스 하몬은 일을 성취시키는 비결을 사용했던 것입니다. 그는 곧
행동으로 옮겼습니다. 그는 맹렬한 기세로 그것을 옮겨 쓰기 시작했습
니다. 한 마디, 한 페이지, 한 장 한 장을 정성스럽게 베끼기 시작했습니
다. 언제 여기서 다른 곳으로 이동될지도 모른다는 생각에 사로잡혀 있
었으므로 밤낮을 가리지 않고 그 일에 몰두했습니다.

결과적으로 그것은 좋은 일이었습니다. 왜냐하면 마지막 페이지를
베끼고 나서 한 시간도 채 안 되어 일본군이 그를 악명 높은 세인트 토
마스의 포로수용소로 옮겼기 때문입니다. 그가 뒤지지 않고 일을 끝마
칠 수가 있었던 것은 늦지 않게 일을 시작했기 때문입니다.

케비스 하몬은 포로로 있던 3년 1개월 동안, 그 원고를 소중하게 간직
했습니다. 그리고 그것을 거듭거듭 읽어 보았습니다. 그것은 그의 사상

의 양식이 되었습니다. 그것은 그를 격려하고, 용기를 내게 하고, 장래의 계획을 세우게 하고, 정신적 · 육체적 건강을 유지하게 했습니다.

세인트 토마스의 포로들 대부분은 영양 부족과 공포 때문에 육체적이나 정신적으로 불치의 타격을 받았지만, 케이스 하몬은,

"나는 토마스 수용소로 들어가기 전보다도 나의 삶에 대해 전보다 잘 준비할 수 있었고 정신적으로도 더욱 건강하게 되어…"

라고 했습니다.

그의 생각은 다음과 같은 말로도 알 수 있습니다.

"성공은 끊임없이 실천하고 있지 않으면 안 된다. 그렇지 않으면 그것은 날개가 돋아나서 날아가 버리고 말 것이다."

지금이야말로 행동할 때입니다. 왜냐하면, 일을 성취시키는 비결은 사람의 행동을 소극적에서 적극적으로 바꿀 수가 있기 때문입니다. 헛되게 보냈을지도 모르는 하루가 즐거운 날로 바뀔 수 있는 것입니다.

헛되이 보냈을지도 모르는 하루

조지 쥬달은 코펜하겐 대학의 학생이었는데, 어느 여름에 관광객을 안내하는 아르바이트를 하게 되었습니다. 그는 자기가 받은 보수 이상으로 일을 잘 했으므로 시카고에서 온 몇 사람의 관광객은 그가 미국 여행을 할 수 있도록 수속을 밟아 주었습니다. 여정에는 시카고로 가는 도중 워싱턴을 관광할 기회도 있었습니다.

워싱턴에 도착하자, 조지는 이미 숙박료를 선불해 둔 월라드 호텔로 들어갔습니다. 그의 상의 주머니에는 시카고로 가는 비행기 표가, 하의

뒷주머니에는 패스포트와 지갑이 들어있었습니다. 이 청년이 죽을 것 같은 타격을 받은 것은 그때 일어났던 것입니다.

막 침대로 들어가려고 했을 때 지갑이 없어진 것을 알게 되었던 것입니다. 그는 황급히 일층 프론트로 달려갔습니다.

"가능한 한 손을 써 보겠습니다."

하고 지배인이 말하는 것이었지만, 이튿날 아침이 되어도 지갑은 돌아오지 않았습니다. 조지의 주머니에는 단 2달러밖에 남아 있지 않았습니다.

외국에 혼자 와서 어떻게 하면 좋을까? 시카고의 친구들에게 전보를 쳐서 사건을 알리면 좋을까? 덴마크 대사관에 가서 패스포트를 잃어버렸다는 보고를 해야 좋을까? 경찰에 가서 어떤 소식이 있을 때까지 기다리고 있으면 좋을까?

이런저런 궁리를 해본 뒤에 그는 갑자기 이같이 생각했습니다.

'아니, 나는 그런 행동은 일체하고 싶지 않다. 나는 워싱턴을 구경해야 한다. 나는 두 번 다시는 이곳에 오지 못할 것이다. 어쨌든 이 수도에서 귀중한 하루를 가지는 것이 무엇보다 중요하다. 다행히도 나는 오늘밤 시카고로 갈 수 있는 표가 있고, 그 다음에 돈과 패스포트 문제를 해결할 시간은 충분히 있을 것이다. 그러나 지금 내가 워싱턴을 구경하지 않는다면, 다시는 이곳을 볼 수 없을 것이다. 내 나라에서 몇 마일쯤 걸은 경험이 있으므로 여기서도 걸으면서 구경하면 된다.'

'지금이야말로 행복한 시간이 될 것이다.'

'나는 지갑을 잃어버리기 전 어제와 똑같은 인간이다. 난 그때 행복했었지, 난 지금도 행복해야만 해. 이처럼 미국까지 와서, 이 위대한 도시에서 휴일을 즐길 특권을 가지고 있기 때문에…….'

'난 지갑을 잃어버린 불행을 투덜거리며 시간을 낭비하는 것 같은 짓은 하지 않겠다.'

그리고 그는 당당하게 걸어서 출발했습니다. 그는 백악관과 의사당을 구경했습니다. 대박물관도 보았습니다. 워싱턴 기념탑 꼭대기도 올라가 보았습니다. 앨링턴 국립묘지와 그밖의 보고싶어 하던 몇 곳은 갈 수가 없었으나, 구경할 수 있는 곳은 더욱 철저하게 둘러보았던 것입니다. 피너스와 캔디를 사서, 허기를 달래기 위해 그것을 빨았습니다.

그리고 그가 덴마크로 돌아갔을 때, 미국 여행에서 그가 가장 생생하게 기억하고 있었던 것은 도보로 워싱턴을 여행한 그 날의 일이었습니다. 만일 그가 일을 성취시킨 비결을 쓰지 않았다고 한다면, 조지 쥬달로부터 영원히 지워져 버렸을 기억들이었던 것입니다. 그는 '지금이 바로 그 순간이다'고 하는 말의 진리를 알고 있었던 것입니다. 그는 '어제는 이렇게 할 수가 없었는데……'라고 생각하기 전에 현재에 전념해야 한다는 것을 알고 있었던 것입니다.

이 이야기 끝에 덧붙이자면, 그로부터 닷새가 지난 뒤 워싱턴 경찰이 지갑과 패스포트를 찾아서 그에게 돌려주었습니다.

수입을 배로 늘일 준비가 되어 있는가

철강회사 중역인 클레멘트 스톤은 일곱 명의 회사 간부들과 함께 국제 판매 간부협회 대표로서 아시아 태평양 지역을 여행했습니다. 11월 중순인 어느 화요일에 그는 오스트레일리아 멜버른의 실업가협회에서 일의 동기를 만드는 것에 대하여 강연을 했습니다.

다음 목요일 밤, 그는 한 통의 전화를 받았습니다. 그것은 금속제 캐비넷을 팔고 있는 회사의 매니저로 있는 에드윈 이스트라는 사람으로부터 온 것이었습니다.

이스트 씨는 흥분하여 이같이 말했습니다.

"굉장한 일이 일어났습니다! 그 말을 하면 선생님도 틀림없이 저와 같이 열광하시리라 생각합니다."

"말씀해 보시죠. 무슨 일이 일어났습니까?"

"굉장한 일입니다. 선생님은 화요일에 동기를 만드는 일에 관해서 말씀해 주셨었죠. 그 말씀 가운데서 당신은 사람을 분발하게 하는 열 권의 책을 추천하셨습니다. 저는 그 가운데서 『생각하라, 그러면 부자가 될 수 있다』라고 하는 책을 사서, 그날 밤부터 읽기 시작했습니다. 몇 시간이고 계속 읽었습니다. 다음 날 아침에도 또 그것을 읽기 시작하다가 한 장의 종이에 다음과 같은 말을 적었습니다.─나의 뚜렷한 큰 목표는 올해는 작년 판매고의 두 배를 파는 일이다.─라고 말입니다. 그런데 놀랍게도 48시간 만에 저는 그것을 성취시켰던 것입니다."

"어떻게 해서 그렇게 되셨습니까?"

하고 스톤은 이스트 씨에게 물었습니다.

이스트의 대답은 이러했습니다.

"동기를 만드는 일에 대한 말씀 가운데, 당신은 비스컨신 선생님 밑에서 평범한 세일즈맨이었던 알렌이 한 도시에서 파고들기 방문을 하여 물건을 팔 수 있었다는 말씀을 하셨습니다. 그때 선생님은 알렌이 온종일 일해서 아무것도 얻는 것이 없었던 것이 오히려 다행이었다고 말씀하셨습니다."

"또 선생님은 이런 말씀도 하셨습니다.─알렌은 사람을 분발케 하는 불만을 폭발시켰던 것이다.—라고 말입니다. 그는 다음 날에 꼭 같은 가능성 없는 고객에게 다시 방문하여 다른 친구가 일주일 걸려서 판 것보다도 더욱 많은 보험을 팔아 보리라고 결심했던 것입니다."

"선생님은 알렌이 어떻게 하여 같은 도시를 빠짐없이 돌아다녔는가 하는 것을 말씀하셨지 않았습니까? 그는 같은 사람들을 재 방문하여 66건이나 신규 상해보험을 팔았던 것입니다. 저는 선생님이 이같이 말씀하신 것을 기억하고 있습니다. '그건 도저히 불가능한 것같이 여겨질지도 모르지만—알렌은 그것을 해냈던 것입니다.'라고. 저는 선생님을 믿었습니다. 저에게도 그럴 마음이 내켰던 것입니다."

"저는, 선생님이 가르쳐 주신 셀프 스타트의 '곧 착수하라!'라고 하는 말을 생각해 냈습니다."

"저는 고객 카드가 있는 곳으로 가서 10명의 '글렀다'고 하는 고객을 분석해 보았습니다. 저는 그전 같으면 그런 일을 하는 것은 매우 대단한 결심이라고 여겨질 정도로 준비를 했습니다. 그리고 저는 '곧 착수하라'고 하는 셀프 스타트를 몇 차례 되풀이했던 것입니다. 그리고 저는 적극적인 마음가짐으로 이 10명의 고객을 방문하고, 여덟 개의 큰 상담을 성공시켰던 것입니다. 적극적인 마음가짐으로 그 힘을 이용하는 세일즈맨에게 분발케해준다는 사실은 정말 놀라운 바가 있었습니다."

에드윈 이스트는 동기를 만드는데 관한 이야기를 들었을 때 이미, 준비가 되어 있었던 것입니다. 그는 자신에게도 적용할 수 있는 말에 귀를 기울였습니다. 그는 무엇인가를 찾아 구하고 있었습니다. 그리고 그는 찾고 있던 것을 발견한 것입니다.

여러분들도 '곧 착수하라'고 하는 셀프 스타트를 배웠으면 하고 바랄 것입니다.

즉시 실행할 결심을 함으로써 터무니 없던 꿈조차도 실현시킬 수 있는 일이 자주 일어나고 있습니다. 만레 스위지의 경우도 그러했습니다.

비지니스와 레저, 함께 할 수가 있다

만레는 사냥과 낚시를 좋아했습니다. 그가 꿈꾸고 있는 멋진 생활이란, 엽총을 가지고 숲속으로 50마일 가량 들어가서 2, 3일 뒤에는 진흙투성이가 되어 매우 행복한 기분으로 귀가하는 일이었습니다.

그의 도락에 대한 유일한 난점은, 그것이 보험 세일즈맨으로서는 너무나도 많은 시간을 빼앗긴다는 점이었습니다.

어느 날의 일입니다. 만레가 마음에 드는 호수를 떠나서 직장이 있는 도시로 돌아오려고 했을 때, 그에게 어떤 어처구니 없는 아이디어가 떠올랐던 것입니다.

어딘가 황야 한가운데 보험을 필요로 하고 있는 사람들이 모여 살고 있지는 않을까? 그렇다면 그는 일을 하면서, 동시에 도락을 즐길 수 있는 것이 되지 아닐까! 하는 엉뚱한 생각이었습니다.

그런데 실제로 만레는 그와 같은 사람들이 존재하고 있는 것을 발견했던 것입니다. 그것은 알래스카 철도공사에서 일하고 있는 사람들이었던 것입니다. 이 사람들은 5백 마일에 이르는 선로를 따라서 흩어져 살고 있었습니다. 만일 그가 이와 같은 철도원, 그리고 그 연변에 있는 사냥꾼이나 금광의 광부들에게 보험을 팔 수가 있다면 어떨까?

이런 아이디어가 떠오른 그날, 만레는 적극적으로 계획을 세우기 시작했습니다. 그는 여행 안내소와 상담하여 목적지를 정한 다음 짐을 꾸리기 시작했습니다. 그는 숨쉴 틈도 없이 일을 계속하여 마음속에 회의가 일어나 실패할지도 모른다고 하는 공포심이 끼어들 여지를 미리 차단시켜 버렸습니다. 그는 아이디어의 승패를 계산하는 차원을 넘어 알래스카를 향해 무작정 떠났습니다.

그는 철도 노선을 따라서 계속해서 걸었습니다. '걷는 만례'라는 별명이 붙은 그가 인가에서 멀리 떨어진 사람들로부터 환영받는 인물이 된 것은, 이제까지 누구로부터도 관심의 대상이 되지 못하던 그들을 보험에 가입시켜 주었기 때문만이 아니라, 그를 외부 세계의 대표자로서 받아들이도록 하였기 때문이었습니다.

그는 분에 넘치는 서비스도 했습니다. 이발하는 법을 배워서 무료로 머리를 깎아 주었던 것입니다. 그는 이들을 위해 요리 방법도 배웠습니다. 독신 남자들은 대개 통조림과 베이컨밖에 먹고 있지 않았으므로 그의 요리 솜씨는 크게 환영 받기에 이르렀습니다.

그런 동안에도 그는 또 한편으로 자기가 하고 싶은 일도 버젓이 즐기고 있었던 것입니다. 산을 넘어 사냥을 하고 낚시도 하면서 그의 표현대로 '만례 특유의 생활 방식'을 실행하고 있었던 것입니다.

생명보험업계에는 연간 백만 달러 이상의 보험을 올린 사람에게 주는 특별 명예의 자리가 있습니다. 그것은 '백만달러클럽'이라고 불리우고 있는 것인데, 바야흐로 주목할 만한 거의 믿기 어려운 일이 만례에게서 일어난 것입니다. 충동적으로 행동하여 알래스카까지 날아가서, 누구도 버려둔 채 돌보지 않던 철도 노선을 따라 가면서 그는 백만 달러의 일할 성취했던 것입니다. 그 뿐만 아니라, 불과 1년 만에 그는 '백만달러클럽'에 들어갈 수 있는 영광을 얻은 것입니다.

그리고 만일 그가 그 '어처구니 없는' 아이디어가 번득였을 때, 일을 성취시킬 비결을 쓰는데 주저했다면, 이런 기적 같은 일은 일어나지 않았을 것입니다.

'곧 착수하라!'고 하는 셀프 스타트는 당신 인생의 어떤 면에서도 영향을 줄 수가 있습니다. 그것은 당신이 해야 할 일이지만, 어쩐지 하고 싶지 않은 것을 도와 줄 수가 있습니다. 그것은 그다지 마음은 내키지 않지만 하지 않으면 안 될 의무에, 당신이 우물쭈물하는 것을 그만두게 할 수가 있습니다.

그러나 그것은 만레가 했듯이, 당신이 하고 싶다는 것을 도와줄 수도 있습니다. 그것은 한번 잃으면 다시는 만날 수 없는 것 같은 귀중한 순간을 포착하는데 도움이 됩니다.

예컨대, 친구에 대해서 애정을 나타내는 말, 동료에 대해서 당신에 존경하고 있다고 알리는 전화, 이같은 작은 행동일지라도 '곧 착수하라!'고 하는 셀프 스타트에 따라야만 하는 것입니다.

당신 자신에게 편지를 써라

곧 착수하는데 도움이 되는 하나의 아이디어가 있습니다. 책상 앞에 앉아서 당신 자신에게 편지를 써서 언젠가 하려고 마음먹고 있었던 것을, 마치 그것이 이미 이루어졌다는 듯이 알리는 것입니다.

전기 작가가 뛰어난 사람의 업적에 대해서 쓰는 태도로 편지를 쓰는 것입니다. 그러나 거기에 멈추어 있어서는 안 됩니다. 일을 성취시키는 비결을 사용하는 것입니다. '곧 착수하라!' 라고 하는 셀프 스타트에 대답하는 것입니다.

기억해 두었으면 하는 것을 —당신이 누구인지, 그것과는 관계없이 —만일 당신이 적극적인 마음을 가지고 행동한다면, 당신이 되고 싶은 존재가 될 수가 있다는 사실입니다.

'곧 착수하라!'고 하는 셀프 스타트는 자기 자신을 움직이게 하는 중요한 말입니다. 그것은 '당신 자신에게 동기를 주는 법'이라고 제목을 붙인 다음 장의 원칙을 이해하고 적용하기 위한 중요한 한 단계입니다.

〈지침 7〉 당신이 간직해야 할 생각

1. 아무것도 안 하는 것보다 무엇인가를 하는 것이 훨씬 좋은 일이다.
2. 우리가 읽거나 말하거나 하는 것이 우리 생활의 일부가 되지 않고 머리나 입 놀림으로 끝나는 일이 너무나 많다.
3. 행동의 씨앗을 뿌리면 습관의 열매가 맺고, 습관의 씨앗을 뿌리면 성격의 열매가 맺으며, 성격의 씨앗을 뿌리면 운명의 열매가 맺는다.
4. 일을 성취시키는 비결은 '곧 착수하라!'이다.
5. 지금이야말로 행동해야 할 때이다.
6. 지금이야말로 행복하게 되어야 할 때이다.

제4장

자신에게 동기를 부여하라

'동기를 만든다'란, 행동하게 하는 것 혹은 골라서 결정짓게 하는 것입니다. 동기란 생각이라든가 감정·욕망·충동과 같은, 그 사람을 행동하도록 자극하는 내부에만 있는 '내부의 자극'입니다.

그것은 특정한 결과를 낳는 시도를 향하여 행동을 일으키는 희망이라든가, 그밖의 강력한 힘입니다.

자신에게 동기를 만들어 줄 수 있는 원칙을 안다면, 남에게도 동기를 만들어 줄 수 있는 원칙도 알게 됩니다. 반대로 남에게 동기를 만들어 줄 수 있다면 자기 자신에게도 할 수 있게 됩니다.

당신 자신에게 동기를 만들어 주는 방법을 말하는 것이 이 장의 목적이고, 남에게 방법을 말한 것은 다음 장의 목적입니다. 그리고 적극적인 마음가짐으로 당신 자신뿐만 아니라, 남에게도 동기를 만들어 주는 방법을 말하는 것이 이 책의 목적입니다. 그러므로 이 책은 마음의 출발을 어떻게 하느냐에 관한 것입니다.

사람의 성공이나 실패의 여러 가지 경험을 설명하는 우리나폴레온 힐 / 클레멘트 스톤의 목적은 바람직한 방향으로 발을 내딛도록 하는 데 있습니다.

적극적인 마음가짐을 가지고 당신 자신에게 동기를 줄 수 있다면, 당신은 자신의 사고를 지도하고, 감정을 조정하고, 운명을 결정지을 수가 있습니다.

마법으로 자신과 남을 일으켜라

어떤 사람이 그것을 발견했던 것입니다. 다음에 말하는 것은 그의 이야기입니다.

몇 해 전의 일이지만, 성공한 화장품 제조업자였던 이 사나이는 65세에 은퇴했습니다. 그 뒤 해마다, 그의 친구들은 생일 축하 파티를 열어 주었는데, 언제나 그들은 그에게 성공의 비결을 공개해 달라고 졸라댔습니다. 그때마다 그는 듣기 좋게 거절해 왔으나 그가 일흔다섯 살 때의 생일에 친구들은 반 농담 반 진정으로 또 한번 그 비결을 밝혀 주기를 부탁했던 것입니다.

"여러분도 이미 알고 계실지 모르지만, 나는 다른 화장품 회사가 하고 있는 방법 이외에 하나의 마법을 더했습니다."

"그 마법이란 게 무엇입니까?"

"나는 우리 화장품이 그녀들을 아름답게 해 줄 것이라고 부인들에게 결코 말하지 않습니다. 그러나 나는 그녀들에게 언제나 희망을 주었습니다."

희망은 마법의 성분입니다. 희망은 바라는 것을 얻을 수 있다고 하는 기대와 그것이 손에 들어올 것이라고 하는 신념을 수반한 욕망입니다.

인간이라는 존재는 자기 자신이 바라고 있는 것, 믿고 있는 것, 달성할 수 있는 것에 의식적으로 반응하는 법입니다.

그리고 사람들은 주위로부터의 암시, 자기 암시·자동 암시 등에 의하여 그 잠재의식의 힘이 해방되었을 때에는 행동을 낳는 내부 충동에도 무의식적으로 반응하는 것입니다. 다시 말하면, 그 동기가 되는 요인에는 여러 가지 모양과 정도가 있다는 의미입니다.

어떤 결과는 일정한 원인을 가지고 있습니다. 당신의 어떤 행동이거나 일정한 원인 —그것은 당신 마음의 동기에 의한 결과인 것입니다.

예컨대, 희망은 예의 화장품 제조업자에게 유리한 사업을 쌓아 올리는 동기라고 하였지만, 그것은 여인들로 하여금 그의 화장품을 사도록 동기를 준 것입니다.

행동을 불러일으키는 10가지 동기

당신이 생각하는 모든 것, 당신이 자발적으로 행하는 모든 행동은 어떤 특정한 동기가 아니면, 여러가지 동기의 결합에서 생겨난 것입니다. 모든 사고思考, 모든 자발적인 행동을 불러일으키는 열 가지의 기본 동기가 있습니다. 그것을 하도록 하는 어떤 동기도 없이 무슨 일인가를 하는 사람은 한 사람도 없습니다.

어떤 일정한 목적을 위해서 자기 자신에게 동기를 주는 방법, 혹은 남에게 동기를 주는 방법을 배우기 위해서는 다음 열 가지의 기본적 동기를 분명히 이해하지 않으면 안 됩니다.

(1) 자기 보존의 욕망

(2) 사랑의 감정

(3) 공포의 감정

(4) 섹스의 감정

(5) 죽은 뒤의 인생에 대한 욕망

(6) 심신의 자유에 대한 욕망

(7) 노여움의 감정

(8) 미움의 감정

(9) 인정받고 싶다고 하는 것과 자기 표현의 욕망

(10) 물질적 이득에 대한 욕망

그것에 대해서 무엇을 할 수 있는가

인간은 외부 힘의 영향에 의하여 강요되기 전에 의식하는 마음의 작용에 의하여 내부로부터 그 감정을 자발적으로 조절할 수 있는 생물계 가운데의 유일한 존재입니다.

그리고 인간만이 감정의 반응·습관을 마음대로 바꿀 수가 있는 것입니다. 당신이 보다 문명적으로 개화된다면, 그만큼 보다 용이하게 당신은 자신의 감정을 조절할 수가 있는 것입니다.

감정은 이성과 행동이 손잡음으로써 조절됩니다. 공포가 아무런 원인도 없는 유해한 것일 경우에는, 그것은 제거할 수 있을 뿐더러, 제거하지 않으면 안 됩니다.

그러면 과연 어떻게 할 수 있을까요?

당신의 감정은 언제나 이성의 직접적인 대상은 아니지만, 그럼에도 불구하고 감정은 행동의 대상인 것입니다. 왜냐하면 당신은 소극적인 감정의 쓸데없는 것도 이성으로써 이해할 수가 있고, 그렇게 함으로써 자기 자신을 행동하도록 동기를 만들 수가 있습니다. 당신은 공포 대신에 적극적인 감정을 가질 수도 있습니다.

어떻게 하여 이와 같은 것을 할 수 있는 것일까요?

한 가지 효과적인 방법은, 당신이 이렇게 했으면 좋겠다고 생각하는 것을 나타내는 한 마디의 신조를 가지고 자기 암시를 합니다. 말하자면 스스로에게 명령하는 것입니다. 예컨대 만일 당신이 무엇인가를 겁내고 있고 더욱 용기를 가지고 싶다고 생각한다면 '용기를 가져라'하는 말을 재빨리 몇 차례 되풀이하는 것입니다. 그리고 행동으로 그것을 메꾸는 것입니다. 용기 있는 사람이 되고 싶다면, 용감히 행동해야 합니다.

어떻게 해서 그렇게 할 수 있을까요?

'곧 착수하라!'는 셀프 스타트를 곧바로 행동에 옮기는 일입니다.

이 장과 다음 장에서 당신은 자기 암시를 사용함으로써 감정과 행동을 조절하는 방법을 알게 될 것입니다. 그리고 지금 중요한 것은—당신이 하고 싶다고 생각하는 것에 정신을 집중시키고, 당신이 하고 싶다고 여기지 않는 것은 잊어버리는 일입니다.

언제나 성공할 수 있는 공식이 있다

당신은 『프랭클린 자서전』과 프랭크 베트거의 『나는 어떻게 하여 판매에 성공했는가』를 읽어 보았습니까? 만일 아직 읽어 보지 않았다면, 우리나폴레온 힐 / 클레멘트 스톤 두 사람은 이 책들을 읽어 보라고 권하고 싶습니다. 이 책들에는 그것을 사용하면 언제나 성공할 수 있다는 공식이 씌어져 있습니다.

그 자서전에서 프랭클린은 이 세상에서 가장 중요한 사람이 당신을 도와 주려고 했듯이, 벤자민 프랭클린을 도와주려고 노력했다는 것을, 다음과 같이 말하고 있습니다.

"나는 이 덕을 모두 몸에 지니고 싶다고 생각했습니다만, 한꺼번에 몸에 지니려고 함으로써 주의를 산만하게 하는 것보다는 한번에 하나의 덕만을 몸에 지니는 것이 더 좋으리라고 판단했습니다. 열 세 가지의 덕을 몸에 지니게 될 때까지 하나하나 그것을 몸에 저장해 가는 것입니다. 그리고 나는 그 하나를 몸에 붙임으로써 다른 것도 몸에 지니기 쉽게 그 덕을 배치했던 것입니다."

프랭클린이 말하는 이들 덕의 이름을 그가 각 항에 부여한 교훈^{자기 암시를 위한 자기 동기를 만드는 것}과 함께 열거한다면 다음과 같습니다.

(1) 절제 : 몸이 나른해질 때까지 먹지 말 것, 취할 때까지 술을 마시지 말 것.

(2) 침묵 : 필요없는 대화는 피할 것.

(3) 질서 : 물건은 놓아 두어야 할 곳에 놓아 두고 해야 할 일은 해야 할 때 할 것.

(4) 결의 : 해야 할 일을 완수할 결의를 가질 것, 결의한 것은 틀림없이 실천할 것.

(5) 검소 : 남이나 자신에 대하여 좋은 일을 하는 경우 이외에는 비용을 들이지 말 것, 즉 낭비를 하지 말 것.

(6) 근면 : 시간을 헛되이 보내지 말 것, 언제나 무엇인가 유익한 일을

할 것. 불필요한 일은 무엇이거나 하지 말 것.

(7) 성질 : 유해한 책략을 쓰지 말 것. 올바르고 때묻지 않은 생각을 가질 것. 이야기하는 경우도 이와 같은 내용으로 할 것.

(8) 정의 : 비도덕적인 행위를 하든가, 당신의 의무를 게을리함으로써 남을 해치는 일을 하지 말 것.

(9) 온건 : 극단을 피할 것.

(10) 청결 : 몸·옷·집의 불결을 용서하지 말 것.

(11) 평온 : 어떠한 것이든 사소한 일이나 우연한 일로 마음의 평정을 흐트러지게 하지 말 것.

(12) 순결 : 건강과 자손을 위한 것 이외에는 색정에 빠지지 말 것.

(13) 겸손 : 그리스도와 소크라테스를 닮을 것.

프랭클린은 이어서 다음과 같이 말하고 있습니다.

"그리고 매일매일 실시한 것을 검사할 필요가 있다고 생각되어, 나는 다음과 같은 방법을 생각해 냈습니다."

"나는 한 권의 작은 수첩을 만들어 그 안에 각각의 덕의 항목을 마련했습니다. 나는 그것이 일곱 개의 세로 난을 가지도록 각 페이지를 빨간 잉크로 선을 그었습니다. 그리고 그 각 칸에 요일을 써 넣었습니다. 가로의 난은 열 세 개로 나누어 열 세 가지의 덕을 각 칸에 써 넣었습니다. 그리고 검사 결과 내가 덕을 지키지 않은 것을 알게 되면, 해당 난에 작은 점을 표시해 두도록 했던 것입니다. 그런 후에는 이 공식을 사용하는 방법을 아는 것이 중요합니다. 당신의 지식 사용법을 다음과 같이 하는 것입니다."

	일	월	화	수	목	금	토
절제							
침묵	＊	＊				＊	
질서	＊＊	＊	＊		＊	＊	＊
결의			＊				
검소			＊				
근면			＊				
성실							
정의							
온건							
청결							
평온							
순결							
겸손							

절제 : 몸이 나른 해질 때까지 먹거나 취할 때까지 술을 마시지 않는다.

행동의 공식

(1) 일주일 동안 하나의 원칙에 정신을 집중시킨다. 기회가 생기면 언제라도 바른 행동으로 대답하도록 한다.

(2) 그리고 제 2주째는 제 2원칙, 혹은 제 2의 덕으로 옮아간다. 그리고 제1의 원칙은 잠재의식에 맡겨 버린다. 매주 한때에 한 원칙에 정신을 집중시키고, 다른 것은 잠재의식 속에서 숨겨진 습관적인 실천에 맡겨 둔다.

(3) 이것이 일단 끝나면, 다시 처음부터 되풀이한다. 이와 같이 하여

일 년이 끝나갈 무렵에는 전 과정을 네 번 되풀이하도록 한다.

(4) 자기가 몸에 지니겠다고 생각한 특성이 몸에 붙으면, 더욱 발전시켰으면 하는 항목이 발견되면 그에 따르는 태도·활동 따위를 위한 새로운 원칙으로 바꾼다.

이제 당신은 벤자민 프랭클린이 자기 자신을 돕기 위하여 사용한 방법을 알게 되었습니다. 만일 당신이 스스로의 계획을 가지고 시작했다고 해도 어떤 원칙에서 시작해야 좋을지를 모른다면, 벤자민 프랭클린이 사용한 열 세 가지의 덕으로부터 시작하거나 이미 말한 바 있는 성공을 위한 17가지 원칙을 사용해도 좋습니다.

이 장 첫머리에서 말한 인간의 기본적 동기에 관하여 다시 한번 되풀이해 보겠습니다.

우선 첫째가 자기 보존의 욕망, 그리고 사랑·공포·섹스의 감정, 죽은 뒤의 세계에 대한 욕망, 육체와 정신의 자유로 계속됩니다. 다음은 노여움과 미움의 감정, 그 다음은 인정 받으려는 것과 자기 표현의 욕망, 그리고 마지막이 물질적 부에 대한 욕망입니다.

다음 장에서 당신은 이들 동기의 하나, 혹은 그 몇 가지의 결합이 어떻게 사람을 움직이게 하는가 하는 것을 확인해 볼 수 있을 것입니다.

〈지침 8〉 당신이 간직해야 할 생각

1. 동기는 행동을 일으키고, 혹은 어떠한 선택을 결정짓게 하는 힘이다. 또다른 특정한 결과를 낳는 시도를 하는 것은 희망이라든가, 그밖

의 잠재적 능력이다.

2. PMA로써 당신을 움직이게 할 수 있다면, 당신은 자신의 생각을 지배하고, 감정을 조절하고, 운명을 결정할 수 있는 것이다.

3. 희망은 마법의 성분과 같다.

4. 열 가지의 기본적 동기란 다음과 같은 것이다.―자기 보존·사랑·공포·섹스, 죽음 뒤의 세계에 대한 욕망, 육체와 정신의 자유, 노여움·미움, 인정받는 것과 자기 표현의 욕망 물질적 부에 대한 욕망.

5. 벤자민 프랭클린이 그 자신을 하나의 동기로 만들 듯이 당신 자신을 동기로 만들라.

제5장
타인에게 동기를 부여하라

효과적인 방법으로 그렇게 하고 싶다고 마음먹은 방향으로 사람의 용기를 이끄는 방법을 아는 것은 중요한 일입니다. 살아 있는 한, 당신은 다른 사람들에게 동기를 주고, 그들이 또한 당신에게 동기를 준다고 하는 이중의 역할을 계속해 나가고 있는 것입니다.

이렇듯 부모와 자식, 스승과 학생, 세일즈맨과 구매자, 주인과 고용인, 당신은 이같은 경우에 두 역할을 맡게 되는 것입니다.

아들이 아버지에게 동기를 주는 방법

두 살 반의 아들이 크리스마스 요리를 잔뜩 먹은 뒤에, 아버지와 같이 걷고 있었습니다. 그들이 백 미터쯤 걸어가자 아들이 멈추어 서더니 웃는 낯으로 아버지를 올려다보며,

"아빠……"

하고 부르며 머뭇거렸습니다. 아버지는,

"왜 그러니?"

하고 물었습니다.

아들은 1초인가 2초쯤 가만히 있다가 말을 이었습니다.

"아빠, 만일 아빠가 해보라고 하신다면 업어드릴 수 있어요……."

이같은 아들의 말에 누가 감히 거절할 수 있을까요? 이와 같이 나이 어린 어린아이일지라도 부모를 행동하도록 동기를 만들어 줄 수 있습니다.

물론 부모가 자식에게 동기를 줄 수도 있습니다. 젊은이에게 신용을 지닌다는 것은 자기에 대한 자신감을 심어주게 됩니다. 어린이가 자기는 잘 할 것이라고 하는 따스하고 확고한 신뢰에 싸여있다고 생각할 때에는 실제로 생각하고 있는 이상으로 잘 할 수 있는 것입니다.

그는 저항력이 해이되어 경계심을 늦추게 됩니다. 그는 실패라는 손해로부터 자기를 지키기 위하여 감정의 에너지를 낭비하기를 멈춥니다. 그리고 그 대신에 성공의 보수를 손에 넣기 위하여 에너지를 사용하게 됩니다. 그때 그는 기분이 침착해집니다. 신뢰는 그의 능력에 적절하게 효과를 주어서 최선의 것을 이끌어 내게 되는 것입니다.

그러므로 당신도 그들에게 신뢰를 가짐으로써 사람에게 동기를 줄 수가 있는 것입니다. 신뢰는 올바르게 말한다면, 적극적인 것이지 소극적인 것은 아닙니다. 소극적인 신뢰는 이미 힘이 아님은, 어렴풋하게 관찰하는 것은 관찰하는 것이 아님과 같습니다.

당신이 그들에게 신뢰를 가짐으로써 사람들에게 동기를 주려고 한다면 적극적인 신뢰를 갖지 않으면 안 되며, 당신의 신뢰를 상대에게 전하지 않으면 안 됩니다.

"나는 당신이 이 일에 성공하고 있음을 알고 있습니다. 그러므로 나는 감히 이같이 말하는 것입니다. 우리는 여기서 당신을 지켜보고 있습니다."

라고 말하지 않으면 안 됩니다. 당신이 이와 같은 신뢰를 상대편에 대해서 갖는다면, 그 사람은 반드시 성공할 것입니다. 그런데 신뢰는 편지로 표현할 수도 있습니다. 사실 편지는 사람의 생각을 말하고 남에게 충동을 줄 수 있는 훌륭한 전달 도구입니다.

편지는 인생을 좋은 쪽으로 바꿀 수가 있다

편지를 쓰는 사람은 누구나가 암시에 의하여 그것을 받는 사람의 잠재의식에 작용할 수가 있습니다. 물론 이 암시의 힘은 몇 가지 요소에 따라서 좌우됩니다만….

예컨대, 당신은 다른 방법으로는 할 수 없는 일을 편지로써 할 수가 있을 것입니다. 당신은 이런 기회를 잡아서, 첫째 당신 아들의 성격을 고쳐 주고, 둘째 대화로는 거북하거나 단념하기 쉬운 일들에 대하여 대담해질 수가 있고, 셋째 당신 마음속에 있는 생각을 털어 놓을 수가 있습니다.

소년이나 소녀는 입으로 말했을 때는 충고를 받아들이려고 하지 않는 일이 자주 있습니다. 그때의 환경이나 감정이 모르는 사이에 그것을 방해하는 것입니다. 그러나 같은 소년이나 소녀도 주의 깊게 씌어진 진지한 편지에 들어 있는 충고는 소중히 할 것입니다.

충고를 포함한 여러 가지 내용이 든 편지를 멀리 가정을 떠나 있는 딸이나 아들에게 보내는 것은 가장 환영받을 것입니다. 그것이 올바르게 씌어져 있다면, 그것은 되풀이하여 읽혀지고 연구되고 삶의 향기로 소화될 것입니다.

세일즈 매니저의 경우도 부하 직원인 세일즈맨에게 적절한 편지를 씀으로써 이제까지의 어떠한 판매 기록도 깨뜨릴 수 있는 동기를 줄 수가 있습니다. 마찬가지로, 같은 직장에서 세일즈 매니저에게 편지를 쓰는 세일즈맨은 이 동기를 자기에게 유리하게 이용할 수도 있을 것입니다.

실례를 통해 동기를 줄 수 있다

노련한 세일즈 매니저가 세일즈맨에게 새로운 계기를 줄 수 있는 가장 효과적인 방법의 하나는, 제일선에서 그와 함께 일하면서 실례를 직접 보여주는 일입니다.

클레멘트 스톤이 책의 공저자은 아이오와 주의 시옥스 시에서 살고 있는 세일즈맨을 어떻게 하여 훈련시켰는가 하는 이야기를 하여 많은 사람들에게 힘을 북돋아 준 사람인데, 그의 이야기를 수록해 보겠습니다.

"나는 시옥스 시에 있는 우리 회사 세일즈맨 중 한 사람의 불평을 들어보았습니다. 그는 시옥스 시에서 이틀 동안이나 열심히 일했지만, 하나도 팔지 못했다고 불평하는 것입니다. '시옥스에서 판다는 것은 도무지 불가능한 일입니다. 그곳에서 살고 있는 친구들은 대개 네덜란드 계의 이민들로, 매우 배타적이어서 외부 사람으로부터는 아무것도 사려고 하지 않는 것입니다. 게다가 그 지역은 5년 동안이나 계속 흉작이었습니다.'"

"나는 '그렇다면 내일, 자네가 이틀 동안이나 걸려서 하나도 팔지 못한 그 시가지에서 내가 팔아 보겠어'하고 제안했습니다. 그리고 다음 날 아침, 그와 함께 자동차를 타고 시옥스 시로 출발했습니다. 나는 거기서 PMA를 몸에 붙이고 우리 회사의 방침을 굳게 믿고 '그것을 활용하는 세일즈맨이라면, 비록 어떤 장해가 있을지라도 팔 수가 있는 것이다'고 하는 것을 실증해 보이려고 생각했던 것입니다."

"그 세일즈맨이 자동차를 운전하고 있는 동안, 나는 눈을 감고는 기분을 느긋이 하고 명상을 하면서 마음을 편안히 했습니다. 나는 어째서 그들은 팔 수가 없었던가 하는 것보다도, 어떻게 하면 팔 수가 있을까 하는 이유를 계속 생각해 보았습니다."

"나는 이와 같이 생각했습니다.―그 사나이는, '그곳 주민은 네덜란드계 이민으로 배타적이고 그 때문에 팔 수가 없었다고 말했다. 하지만 특별한 이유는 될 수 없다. 만일 이 네덜란드의 한 사람, 특히 그들의 지도자에게 팔 수만 있다면, 모든 친구들에게 팔 수 있게 된다는 것은 잘 알려져 있는 사실이다. 그러므로 내가 하지 않으면 안 되는 것은, 적당한 사람에게 최초의 판매를 하는 일이다. 나는 비록 시간이 걸릴지라도 그것을 해 보이겠다고 생각했습니다."

"무엇보다도 그는, 그 지역은 5년 동안이나 흉작이 계속되었다고 말했다. 하지만 이보다 더 희한한 일이 어디에 있겠는가? 네덜란드계 이민자들은 이상한 친구들로서 돈 모으기를 좋아한다. 그들은 또한 책임감이 강해서, 자기들의 가족과 재산을 지키기에 열심이다. 그리고 다른 보험회사 세일즈맨도 아직 거기까지는 손을 뻗치지 않았으므로, 어쩌면 그들은 아직 어느 상해보험에도 들어있지 않았을 것이다. 아마도 다른 세일즈맨도, 지금 자동차를 운전하고 있는 이 사나이와 마찬가지로 소극적인 마음가짐을 가지고 있을 것이다. 그리고 우리 회사의 보험은 낮은 요금으로 충분한 보장을 약속하고 있다. 그러므로 경쟁 상대가 없다고 해도 좋을 것이다!"

"나는 내가 '정신 조절'이라고 이름 붙인 것에 전념했습니다. 나는 경건하고 진지하게, 기대와 감정을 가지고 '하느님 제가 파는 걸 도와 주십시요! 하느님, 제가 파는 걸 도와주십시요!' 하고 되뇌었습니다. 몇 번이고 몇 번이고 이렇게 되풀이한 뒤 조금 좋았습니다."

"시옥스 시의 중심지에 도착했을 때, 우리는 은행을 방문했습니다. 은행에는 부사장과 출납계와 예금계 직원이 있었는데, 20분 사이에 부사장은 우리 회사에서 가장 팔고 싶어 하는 손해보험을 들어주었습니다. 출납계도 같은 보험에 들었습니다. 그러나 예금계만은 들어주지 않았습니다."

"그리고 이것을 시발로 하여, 우리는 이 가게에서 저 가게로, 이 사무실에서 저 사무실로 조직적으로 파고들어 방문을 시작했던 것입니다. 우리는 어디를 가든지 모든 사람을 만날 수 있었습니다."

"놀라운 일이 일어난 것입니다. 그날 우리가 방문하여 만난 모든 사람들이, 우리가 가장 팔고 싶어 하는 보험에 들어주었던 것입니다. 단 하나의 예외도 없었습니다. 돌아오는 자동차 속에서 나는 나를 도와준 신의 은혜에 감사했습니다."

"그런데 나는 어찌하여 다른 사람이 실패한 고장에서 판매에 성공한 것일까요? 사실 나는, 다른 사람이 그 때문에 실패를 경험한 것과 꼭 같은 이유로 성공을 거두었던 것입니다—그밖의 어떤 것을 제외하면."

"그는 이곳 주민들이 배타적인 네덜란드계 이민임으로 팔 수 없다고 말했습니다. 그것은 소극적인 마음가짐입니다. 그러나 나는 오히려 그들이 네덜란드계 이민이어서 보험상품을 더 살 것이라는 것을 알고 있었습니다. 이것은 적극적인 마음가짐입니다. 그리고 그는 5년 간이나 계속 흉작이었으므로 팔 수가 없었다고 말했습니다. 그것은 소극적인 마음가짐입니다."

"그밖의 어떤 것이라고 하는 것은, 이와 같은 소극적인 마음가짐과 적극적인 마음가짐의 차이를 말합니다. 그 위에 나는 신의 인도와 도움을 구하였습니다. 그 뿐만 아니라, 나는 신의 도움을 받고 있다는 것을 믿고 있었습니다. 마침내 이 세일즈맨은 시옥스 시로 다시 돌아가서, 그곳에 오랫동안 머물러 있었습니다. 그리고 매일 판매 기록을 갱신해 갔던 것입니다."

이 사실은, 실례에 의하여 남에게 동기를 줄 수 있다는 실증을 보여준 예입니다. 왜냐하면, 이 세일즈맨은 이를 계기로 그가 이전에 실패한 장소에서도 성공을 거둘 수 있었는데, 이것은 그가 적극적인 마음가짐으로 일하는 것의 가치를 알았기 때문입니다.

사람들에게 마음의 동기를 줄 수 있는 데는 다양한 방법이 있지만, 가장 효과적인 방법은 사람을 분발케 하는 독서에 의한 것입니다.

마음에 동기를 주려면 책으로 하라

판매에 성공하는 가장 중요한 요소를 살펴보면 다음과 같습니다.

첫째 동기를 주기 위한 인스피레이션, 둘째 판매 기술이라고 이름 붙여져 있는 특정한 제품이라든가 서비스를 팔기 위한 지식. 셋째 제품과 서비스 그 자체의 지식. 꼭 같은 이 세 가지 원리가 어떤 일이나 직업에서도 성공하는데 필요한 것들입니다.

지금 당신이 읽은 이야기 가운데서, 당신은 이 세일즈맨이 판매 기술의 지식과 자기가 팔고 있는 상품에 대한 지식을 철저하게 습득하고 있었다는 것은 알고 있을 것입니다. 그러나 그에게 가장 중요한 성분인 동기가 될 수 있는 인스피레이션이 결여되어 있었습니다.

지난날 널리 알려진 업계의 판매 간부였고, 판매의 고문이기도 한 모리스 피카즈가 『생각하라, 그러면 부자가 될 수 있다』라고 하는 책을 클레멘트 스톤에게 주었습니다.

그 후 스톤은, 세일즈맨에게 동기가 될 수 있는 영감을 주기 위해서 여러 가지로 사람을 분발시키게 하는 책을 이용해 왔습니다. 한편 인스피레이션과 열성의 불꽃은 끊임없이 타오르도록 연료를 보급하지 않으면 꺼져버리는 것이므로 자기 부하 직원에게 3개월마다 한 권씩의 교양서적을 보내는 것을 상례로 해왔습니다. 그리고 그는 정신의 영양소 역할을 하는 주간지 및 월간 잡지까지 발행하기에 이르렀습니다.

남에게 동기를 갖게 하는 법

이 책을 읽고 있는 동안에 당신은 자기 암시, 자동 암시의 중요성을 알았을 것입니다. 스톤은 이 지식을 이용하여 남을 움직이게 하는 기술적인 것을 발견했습니다.

그 발견은 틀림없이 당신에게도 도움이 될 것입니다. 그것은 사람을 충동하여 움직이게 하는 것이 무엇인가를 알 수 있다면, 당신은 그 올바른 기술을 사용할 수가 있기 때문입니다. 당신 자신이나 남을 결심하게 하여 움직이게 하는데 도움이 되는 이 간단한 기술은 암시·자기 암시·자동 암시의 이용에 기초를 두고 있는 것입니다. 구체적으로 말해 보겠습니다.

(1) 예컨대 여기에 소심한 세일즈맨이 있고, 그의 일은 적극성을 필요로 하는 것이 있을 경우 첫째, 세일즈 매니저는 부하 직원의 소심성은 자연 현상임으로 이성을 사용하여 납득하게 해줍니다. 그리고 다른 사람은 소심성을 극복했다는 것을 실례를 들어 증명합니다. 다음에, 그가 그렇게 되었으면 하고 생각하는 것을 상징하는 것 같은, 자기에게도 동기가 될 수 있는 말을 자주 되풀이하도록 그 세일즈맨에게 권합니다. 둘째, 이 경우에 그 세일즈맨은 다음의 말을 매일 아침, 그리고 낮 동안에도 이따금 재빨리 되풀이하게 됩니다.―적극적으로 되라! 적극적으로 되라!―행동하는 것이 필요한 특수한 상황하에서 소심성에 사로잡혔을 때에는 특히, 이것이 필요합니다. 그리고 이와 같은 경우에는 '곧 착수하라!'고 하는 셀프 스타트를 사용할 일입니다.

(2) 세일즈 매니저가 팀원 가운데서 거짓말쟁이인 정직하지 못한 사람을 발견했을 때, 그것을 고치기 위해서 다음과 같은 방법을 씁니다. 첫째, 세일즈 매니저는, 다른 사람이 이와 같은 어려운 문제를 어떻게 하여 해결했는가 하는 것을 이야기합니다. 그리고 그 세일즈맨에게 사람을 분발케 하는 책이나 글이나 시를 줍니다. 혹은 성서의 한 구절을 추천합니다. 우리 나폴레온 힐 / 클레멘트 스톤의 경험에 따르면, 『나는 할 수 있다』고 하는 책 등은 이와 같은 목적에 특히 적합합니다. 둘째, 그리고 이 경우에도, 앞에서 말한 경우와 같이 세일즈맨은 매일 아침, 그리고 낮 동안에도 이따금 되풀이하여 '성실하라! 성실하라!'하고 되뇌입니다. 정직하지 못하게 될 것 같은 때라든가, 사람을 속이려고 할 때 같은 경우

에는, 더욱 그렇게 할 필요가 있습니다. '곧 착수하라!'고 하는 셀프 스타트와 '진실에 직면하는 용기를 가져라!'라고 하는 자기 마음의 동기 지우기를 병행하여야 합니다. 당신이 자기 자신과 남에게 동기를 주는 방법을 알았다는 것은 곧 부의 집으로 들어가는 열쇠를 받을 준비가 된 것을 뜻합니다.

〈지침 9〉 당신이 간직해야 할 생각

1. 살아 있는 동안, 당신은 사람들에게 동기를 주고 그들도 당신에게 동기를 줄 수 있다고 하는 이중의 역할을 하라.

2. 당신이 그들을 신뢰하고 있음을 나타냄으로써, 사람들이 자기 스스로에게 자신을 가지도록 동기를 주라.

3. 한 장의 편지는 인생을 좋은 쪽으로 바꿀 수가 있다.

4. 실례에 의하여 사람에게 동기를 주라.

5. 사람에게 동기를 가지게 하려면 사람을 분발케 하는 책도 도움이 된다.

6. 암시에 의하여 사람에게 동기를, 자기 암시에 의하여 자신에게도 동기를 주라.

제3부

✳

부자가 되는 지름길

제1장

부자가 되는 지름길은 있는가

지름길이란 일반적인 절차에 의해서 보다도 보다 직접적으로 신속하게 어떤 일을 해 내는 방법이라고 할 수 있습니다.

지름길로 가는 사람은 그 목적지를 '알고' 있습니다. 그는 보다 직접적인 길을 알고 있습니다. 그러나 그는 부닥치는 장래와 가로막는 방해물을 아랑곳하지 않고, 목적지로 계속 걸어나가지 않는 한, 결코 거기에 도착할 수는 없을 것입니다.

제I부 제2장에서 우리나폴레온 힐 / 클레멘트 스톤는 다음과 같은 성공의 17가지 원칙을 들었습니다.

(1) 적극적인 마음가짐

(2) 목적의 명확화

(3) '덤'을 달 것

(4) 정확한 사고

(5) 자기 규율

(6) 지도성

(7) 신앙심

(8) 사람에게 기쁨을 주는 성격

(9) 자발성

(10) 열의

(11) 조절된 주의력

(12) 팀웍

(13) 패배에서 배울 것

(14) 창조적인 비전

(15) 시간과 돈의 예산을 세울 것

(16) 건강과 유지

(17) 우주 습성의 힘 이용

그런데 우리 두 사람은 어찌하여 성공의 17가지 원칙을 여기서 다시 되풀이하는 것일까요?

부의 지름길로 가는 최고의 방법은 직접적인 길을 택하는 것입니다. 최우선적으로 직접적인 길을 취하기 위해서는, 당신은 PMA^{적극적인 마음가짐}로 생각하는 것이 무엇보다도 필요합니다. 그리고 적극적인 마음가짐은 성공 원칙을 적용하는 데에서 시작되는 첫걸음입니다.

생각한다고 하는 말은 하나의 상징입니다. 당신에게 있어서의 그 뜻은 당신이 누구인가에 따라서 다릅니다.

당신은 누구일까요? 그것은 당신이 가지고 있는 유전, 환경, 육체 의식과 잠재의식, 경험, 시간, 공간에서의 특정한 위치와 방향, 그리고 이미 알고 있는 것과 아직 알지 못하는 힘을 포함하는 그밖의 무엇인가의 소산인 것입니다.

당신이 적극적인 마음가짐으로 생각할 때에는, 당신은 이들 모두에게 영향을 주고, 이용하고, 조정하고, 혹은 조화할 수가 있는 것입니다.

그런데 당신만이 자신을 위해서 생각할 수가 있다는 것을 명심해야 합니다.

그러므로 당신에게 있어서의 부에로의 지름길은, 다음과 같은 짧은 말의 상징으로 나타내는 경우도 있습니다.

'PMA^{적극적인 마음가짐}으로 생각하고 부를 만들라!'

〈지침 10〉 당신이 간직해야 할 생각

부^富에로의 지름길은 이것이다. —PMA로 생각하고 부를 만들라!

제2장
부를 물리치지 말고 끌어당겨라

병원 침상에 누워있을 때도 생각하라

만일 지금 당신이 병원에 입원하고 있는 환자라면, 다음에 말하는 조지 스테펙이란 인물처럼 공부하고, 생각하고, 계획할 시간을 가짐으로써 부를 끌어당기십시오.

조지 스테펙은 하이네 베테란 병원에 입원해 있었는데, 최근에는 그의 병도 약간 호전되어 가고 있었습니다. 그 병원에서 그는 우연히 생각하는 시간의 가치를 발견했던 것입니다. 경제적으로 그는 무일푼이었지만 입원해 있는 동안 시간은 얼마든지 남아돌 정도였습니다. 읽거나 생각하거나 하는 시간을 제외하면 아무것도 할 일이 없었던 것입니다. 그가 성공할 준비를 갖추게 된 것도『생각하라, 그러면 부자가 될 수 있다』를 읽고나서입니다.

어느 날, 그의 머리에 문득 어떤 아이디어가 떠올랐습니다. 조지는 많은 세탁소에서 세탁한 와이셔츠를 구기거나 얼룩이 지지 않도록 판지로 싸고 있는 것을 보았습니다.

몇 군데 세탁소에 편지를 띄워 본 조지는 세탁소가 이 판지 상자를 천 개에 4달러로 사들이고 있다는 것을 알게 되었습니다.

이때 그의 아이디어란, 이 판지 상자를 천 개에 1달러로 싸게 판매한다는 것입니다. 값이 싼 대신 상자 겉면에 광고를 넣고 그 광고비로 이익을 올리게 된다는 발상입니다.

조지는 이 아이디어를 성공시키기 위하여 퇴원하자, 곧바로 실천에 옮겼습니다. 그것은 새로운 광고 분야로서, 그 나름대로의 여러 가지 문제도 있었지만, 그러나 그는 주위 사람들이 '시행 착오'라고 떠들었지만, 우리 나폴레온 힐 / 클레멘트 스톤는 '시행 성공'이라고 이름 붙인 것에 의하여 효과적인 세일즈 기술을 몸에 붙일 수가 있게 되었습니다.

조지는 매일 연구하고 생각하고 계획하는 시간을 가진다고 하는, 입원 중에 시작한 습관을 여전히 계속해 나갔습니다.

그의 사업이 급속히 신장되었을 때에도, 그는 그 서비스 효과를 더욱 증대시킴으로써 매상을 올리고자 노력했습니다. 와이셔츠 상자는 그 속에서 와이셔츠를 꺼내고 나면 버리는 것이 보통입니다.

그리하여 그는 다음과 같은 질문을 자신에게 해보았던 것입니다.

'어떻게 하면 광고가 들어있는 이 판자 상자를 손님들이 언제까지나 보존시키게 할 수가 있을까?'

이 해결책은 얼마 안 되어 그의 머리에 떠올랐습니다.

그는 어떻게 했을까요? 판지 상자의 한쪽 면에 이제까지와 같은 흑백, 혹은 컬러 인쇄했지만, 또 다른 한쪽 면에는 새로운 연구를 했던 것입니다. 예컨대, 어린이들을 위한 재미있는 게임이라든가, 가정 주부를 위한 맛있는 요리법이라든가, 온 가족을 위한 글자 맞추기 퀴즈와 같은 것을 인쇄했던 것입니다.

조지의 말에 따르면, 어떤 남편이 세탁비가 갑자기 까닭도 없이 많이 지불되는 것을 이상하게 여기고 조사해 보자, 그의 아내가 조지가 인쇄해 넣은 요리법을 더욱 많이 손에 넣기 위해서 아직 빨지 않아도 되는 와이셔츠를 세탁소에 내놓았다고 하는 것이었습니다.

그러나 조지는 여기서 중단하지 않았습니다. 그는 더욱 야심적이었습니다. 그 사업을 더욱 발전시키려고 마음먹었던 것입니다. 그리하여 이번에는 자신에게 물어보았습니다. '어떻게 하면 그것을 구할 수 있을까?'라고. 그리고 이번에도 답을 얻어냈던 것입니다.

조지 스테펙은 세탁소에서 받은 천 개당 1달러의 돈을 모두 미국 세탁업협회에 희사했던 것입니다. 그리고 그 대가로서 협회에서는 조지의 와이셔츠용 판지 상자를 독점적으로 사용함으로써, 조지의 사업을 돕도록 그들 각 회원에게 전하게 되었습니다.

그리고 이같이 하여 조지는 바람직한 것을 보다 많이 주면 줄수록 보다 많은 것을 손에 넣을 수가 있다고 하는 또 하나의 중요한 성공의 디딤돌을 발견을 했던 것입니다.

생각하는 것은 어째서 중요한가

주의 깊게 생각하는 계획된 시간이, 조지 스테펙에게 대단한 부를 가져다 주었던 것입니다. 가장 뛰어난 아이디어가 나오는 것은 조용한 환경에서 이루어집니다. 떠들썩한 곳에서만 훌륭한 자아가 드러나 보인다고 하는 그릇된 견해를 가져서는 안 됩니다. 그리고 생각하는 시간을 시간 낭비라는 그릇된 생각도 결코 해서는 안 됩니다. 사색은 다른 모든 것이 채워지는 커다란 밑받침입니다.

그런데 훌륭한 동기를 주는 책을 읽거나, 생각하거나 계획하는 습관을 갖기 위해서 병원에 입원하는 따위의 어리석은 짓을 해서는 안 됩니다. 그리고 생각하거나 공부하거나 계획하는 시간이 꼭 길 필요도 없습니다. 당신이 가지고 있는 시간의 1퍼센트만 할애한다고 해도 당신의 목표에 도달하는 속도에 놀랄만한 차이가 나타날 것입니다.

당신의 하루는 1천 4백 40분입니다. 이 시간의 1%만을 연구하고 생각하고 계획하는 시간으로 사용하십시오. 당신은 이 14분이 자신을 위해서 어떠한 일을 해주는가에 틀림없이 놀랄 것입니다.

왜냐하면, 당신이 일단 이 습관을 몸에 붙이게 되면, 언제 어떠한 곳에 있든지 ― 식사를 하고 있거나 버스를 타고 있을 때거나 목욕을 하고 있을 때라 할지라도― 언제나 건설적인 아이디어가 생겨나는 것에 놀랄 것이기 때문입니다.

토머스 에디슨과 같은 천재가 사용한 도구―인간이 이제까지 발명한 가장 위대한, 그러면서도 가장 간단한 두 개의 도구―연필과 종이를 잊지 말고 사용할 일입니다. 에디슨이 했듯이. 이것을 사용하여 아침이거나 밤을 가릴 것없이 떠오르는 아이디어를 기록하는 일입니다.

목표를 설정하고 방법을 배워라

다음은 마음에 새겨 두어야 할 중요한 네 가지입니다.

(1) 당신의 목표를 적어 보는 것입니다. 그렇게 함으로써 당신의 생각

이 구체화됩니다. 쓰면서 생각하는 것은, 당신의 기억에 지워지지 않는 인상을 남기게 됩니다.

(2) 기한을 정합니다. 당신의 목표를 달성할 때를 분명히 하는 것입니다. 이것은 목표를 향하여 계속 걸어 나가도록 당신에게 동기를 준다는 점에서 대단히 중요한 일입니다.

(3) 기준을 높은 곳에 둡니다. 목표를 달성하는 용이성과 당신의 동기의 강함 사이에는 직접적인 관계가 있는 듯이 여겨집니다. 일반적으로 말해서, 당신의 목적을 높은 데 두면 둘수록, 그것을 달성하기 위한 노력은 집중적인 것으로 됩니다.

(4) 인생에서 성공과 번영을 구가하기 위해 필요로 하는 노력은 불행과 빈곤으로 인하여 많지 않습니다. 하지만 현재 당신이 가치가 있다고 생각한 것보다 더 많은 것을 인생으로부터 얻을 수 있습니다. 왜냐하면 인간의 본성은 자신에게 맡겨진 임무를 완수할 수 있게끔 발전시키는 성향이 있기 때문입니다.

첫걸음을 잘 내딛어라

목표를 정한 다음에 중요한 것은 행동하는 일입니다. 최근의 일입니다만, 찰스 필립 부인이라고 하는 63세의 할머니가 뉴욕으로부터 마이애미까지 걸어갈 계획을 세우고 끝내 그것을 실현했습니다. 그리하여 그녀는 많은 신문 기자들과 인터뷰를 하게 되었습니다. 기자들은 이와 같이 오랜 보도 여행을 한다고 생각하는 것만으로도 그녀를 힘들게 하지는 않았을까 하는 것을 알고 싶어했습니다.

"첫걸음을 내딛는 데에는 용기가 필요 없었습니다."

하고 필립 부인은 담담하게 대답했습니다.

"그리고, 내가 한 것은 그것 뿐입니다. 나는 한 걸음을 내디뎠습니다. 그리고 다음에 다른 한 걸음을 내디뎠던 것입니다. 그런 뒤 또 다른 한 걸음, 또 다른 한 걸음, 그리하여 마침내 여기까지 온 것이죠."

그렇습니다. 당신은 그 첫걸음을 내딛지 않으면 안 되는 것입니다. 당신이 얼마나 생각하고 공부하여 시간을 많이 보냈느냐 하는 것은 문제가 되지 않습니다. 실천이 따르지 않으면, 그와 같은 것은 아무 쓸모가 없는 일입니다.

NMA소극적인 마음가짐는 부를 쫓아버린다

적극적인 마음가짐PMA은 부를 끌어당기지만, 소극적인 마음가짐은 그 반대입니다.

적극적인 마음가짐을 가지고 있으면, 자기가 구하고자 하는 부를 손에 넣을 때까지 노력을 계속할 것입니다. 바야흐로 당신은 적극적인 마음가짐으로 출발하여 그 첫걸음을 내딛으려고 하고 있습니다. 그리고 당신이 지니고 있는 부적의 소극적인 면에 의해서 영향을 받아 목적지에 도착할 한 걸음 앞에서 멈추고마는 일이 없으리란 법은 없습니다. 성공의 17가지 원칙의 마지막 하나를 사용하는 것에 실패할지도 모릅니다. 그러한 좋은 본보기가 다음의 이야기입니다.

가령 그 사나이를 오스카라고 부르기로 합시다. 1950년 후반의 어느 날, 그는 오클라호마 시의 역에 내렸습니다. 그곳에서 그는 동부로 기는 기차를 몇 시간 기다릴 필요가 있었습니다. 그는 불 속이라고 해도 좋을 서부의 사막 한가운데서 몇 달이나 지냈던 것입니다. 어느 동부의 회사를 위해서 석유를 찾고 있었던 것입니다. 그리고 그는 성공했습니다.

오스카는 매사추세츠 공과대학 출신으로 석유 매장량을 발견하기 위한 광맥 탐지기를 개량했던 것입니다.

지금 오스카는 그가 근무하고 있는 회사가 파산했다고 하는 연락을 받았습니다. 파산의 원인은 사장이 거액의 현금을 주식시장 투기에 유용한 데서 나왔던 것입니다. 오스카는 집으로 돌아가는 길이었습니다. 그는 직장을 잃었으며, 또한 그의 앞길에는 아무런 희망도 없는 듯이 보였습니다.

그러나 바로 이때 NMA소극적인 마음가짐의 힘이 그에게 강력한 영향을 끼치기 시작했습니다.

그는 장시간 열차를 기다려야 했으므로 자신이 고안한 장치를 역 안에서 조립해 보리라고 생각했습니다. 하지만 뜻대로 되지 않자, 그는 화가 난 나머지 그 장치를 발로 차버렸습니다.

그는 욕구 불만으로 소극적인 마음가짐의 영향을 받고 있었습니다. 이제까지 그가 찾고 있던 기회는, 바로 그의 발 밑에 있었으나 보이지 않았습니다. 그것을 잡으려면 단 한 걸음만 내디디면 되었던 것입니다. 그러나 소극적인 마음가짐의 영향 때문에 그는 그것을 인정하기를 거부했던 것입니다.

만일 그가 적극적인 마음가짐의 영향을 받고 있었다면, 부를 물리치지 않고 끌어당겼을 것입니다.

신념을 가진다는 것은 성공의 17가지 원칙 중 중요한 한 가지입니다. 당신의 신념을 테스트하는 방법을 필요로 할 때에 그것을 사용할 수 있는가 없는가 하는 것에 있습니다.

소극적인 마음가짐은 그가 믿고 있던 많은 것이 잘못된 쪽으로 인도해 갔던 것입니다. 당신도 기억하고 있을 테지만, 대공황은 많은 사람들의 마음속에 공포의 관념을 심어 주었습니다. 오스카도 그들 중의 한 사람이었던 것입니다. 이제까지 그 가치를 잘 실증해 온 기계도 한낱 쇠붙이에 불과했습니다. 오스카는 완전히 욕구 불만에 빠져 있었던 것입니다.

오스카가 그날 오클라호마 역에서 열차를 탔을 때, 그는 그 석유 탐지기를 버리고 가버렸습니다. 그리고 미국 최대의 석유 매장지를 스스로 내팽개치고 말았던 것입니다. 그 뒤 얼마 안 있어 오클라호마 시는 오일머니가 넘치는 도시가 되었습니다.

이 이야기는 적극적인 마음가짐은 부를 끌어당기지만, 소극적인 마음가짐은 부를 물리친다는 것을 그대로 실증해준 사례였습니다.

얼마 안 되는 급료로도 부는 쌓아진다

그러나 당신은 이렇게 변명의 말을 할지도 모릅니다.

"적극적인 마음가짐이나 소극적인 마음가짐에 대해서 이루어지는 이와 같은 모든 것들은 백만 달러를 만드는 능력이 있는 사람에게는 매우 좋은 일일지 모릅니다. 그러나 나에게 백만 달러를 만든다고 하는 일은 꿈과 같은 일이죠."

"물론 나도 경제적 안정은 바랍니다. 좋은 생활도 하고 싶고, 퇴직한 뒤 노년의 준비도 하고 싶습니다."

"하지만, 나 같은 월급쟁이에게는 꿈 같은 일이지요."

이에 대한 나의 대답은 다음과 같은 것입니다.

당신도 부를 손에 넣을 수 있다는 것입니다. 경제적 안정을 유지하는 데 충분한 부를 말입니다. 부자가 되기에 충분한 돈까지도 말입니다. 그러므로 당신의 부적을 적극적인 마음가짐의 영향으로 바람직하게 작용하도록 하기만 하면 되는 것입니다.

만일 당신이 어떠한 이유든 아직 충분히 납득하지 못하고 있다면, 『바빌론 최대의 부호』라고 하는 책을 읽어본 후에 첫걸음을 내딛도록 하십시요. 어디까지든 당신이 원하는 부와 경제적 안정을 손에 넣기까지 멈추지 말고 가십시오.

오스본이란 사람이 있습니다. 그는 셀러리맨이었으나 그럼에도 불구하고 끝내 부를 손에 넣었습니다. 그 때문에 오스본에 의하여 사용된 원칙은 대단히 분명한 것이었으므로, 반대로 그것은 누구의 눈에도 띄지 않았던 것입니다.

그가 배운 원칙, 그리고 당신도 사용할 수 있는 원칙은 불과 몇 마디로 나타낼 수가 있습니다. 『바빌론 최대의 부호』를 읽고 있는 동안에 오스본 씨는 부라고 하는 것은 다음과 같은 일을 함으로써 손에 넣을 수 있다는 것을 발견했던 것입니다.

(1) 당신이 손에 쥔 1달러 가운데 10센트를 저축할 것.

(2) 6개월마다 저축이나 투자에서의 배당금을 재투자할 것.

(3) 투자할 때에는 안전을 위해 전문가의 충언을 구하고, 도박처럼 원금을 잃는 어리석음을 범하지 말 것.

오스본이 한 것은 바로 이것이었습니다. 당신은 손에 쥔 1달러 가운데서 10센트를 저축하고, 그것을 안전하게 투자함으로써 경제적 안정이나 부를 손에 넣을 수 있는 것입니다.

여기서 저자 나폴레옹 힐과 만난 또다른 사람의 이야기를 소개합니다. 당시 그의 나이 50세였던 사람입니다.

늦었다고 생각할 때가 늦지 않은 것이다

그 사람은 힐에게 다음과 같이 말하며 미소를 지었습니다.

"나는 선생님의 『생각하라, 그러면 부자가 될 수 있다』고 하는 책을 몇 년 전에 읽은 적이 있습니다. 그러나 나는 아직껏 부자가 되지 못했습니다."

그 사람의 말에 나폴레온 힐은 대답했습니다.

"당신은 지금도 부자가 될 수 있습니다. 당신의 미래는 이제부터이죠. 당신은 그것을 위해 준비지 않으면 안 됩니다. 그리고 당신은 자신에게 주어지는 기회를 위해서 준비하는 동안 적극적인 마음가짐을 발전시키지 않으면 안 됩니다."

현재 그는 아직 부자가 되지는 않았지만, 지금은 적극적인 마음가짐을 몸에 익혀 부의 길에 들어섰습니다. 저자를 처음 만날 당시만 해도 그에게는 수천 달러의 빚이 있었지만, 지금은 그것을 깨끗이 청산했을 뿐만 아니라, 그동안 저축한 돈으로 투자할 곳을 찾고 있는 중입니다. 그렇게 그는 적극적인 마음가짐을 가진 사람이 되었던 것입니다.

처음 그의 부적 NMA^{소극적인 마음가짐}쪽이 그에게 영향을 끼쳤을 때, 그는 자신의 연장이 안 좋다며 투덜거리는 목수와도 같았습니다.

만일 당신이 완전한 카메라를 가지고 있고, 정품 필름을 사용했으며, 카메라의 조작도 틀림없고, 다른 사람이 똑같은 카메라로 사진을 찍고 있는데, 당신만이 실패했다고 한다면, 도대체 어디에 결함이 있었던 것일까요?

카메라에 결함이 있었던 것일까요? 설명서를 읽었으나, 그것을 제대로 이해하고 있지 못했던 것은 아니었을까요? 혹은 이해는 하고 있었으나, 그대로 사용하지 않았던 것은 아닐까요?

마찬가지로, 당신은 자신의 인생의 전 생애를 바꿀 수 있을 것 같은 책을 이미 읽고는 있었으나, 그것을 이해하고, 소화하고, 그 원칙을 적용하는 노력을 게을리한 점도 있을 수 있습니다.

지금이라도 배우는 것은 늦지 않습니다. 지금까지 모르고 있었다면, 이제부터라도 배울 수 있는 것입니다. 그 원칙을 알고도 이해하려고 하지 않는다면, 당신은 성공할 수 없을 것이며, 그것을 적용하지 않는다면 성공한다는 것은 불가능할 것입니다. 그러므로 당신이 이 책에서 읽고 있는 것을 이해하고 적용하기 위해서는 시간이 필요합니다. 필연코 적극적인 마음가짐이 당신을 도와주리라 여겨집니다.

"적극적인 마음가짐은 부를 끌어당긴다!"

라고 우리는 말합니다. 그러나 당신은,

"돈을 버는 데는 자본이 필요한데, 나에게는 한 푼의 돈도 없습니다."

라고 말할지도 모릅니다.

이것은 소극적인 마음가짐입니다. 만일 당신이 돈을 가지고 있지 않다면, 다른 사람의 돈을 사용하면 되는 것입니다. 다음 장에서 그것에 관하여 말해 보겠습니다.

〈지침 11〉 당신이 간직해야 할 생각

1. 첫걸음을 내딛어라.

2. 적극적인 마음가짐으로 성공을 쟁취하라. 만일 당신이 이 책을 읽었는데도, 아직 성공하지 않았다면, 어디에 결함이 있는가를 생각하라.

3. 병원 침대 속에서도 생각하라! 그러나 당신은 연구하고 생각하고 계획할 시간을 가지는 습관을 만드는데, 반드시 병원에까지 갈 필요는 없다.

4. 다음과 같이 목표를 설정하는 방법을 배워라. 첫째, 당신의 목표를 적어 본다. 둘째, 스스로 기한을 정한다. 셋째, 기준을 높은 곳에 둔다.

5. 『바빌론 최대의 부호』—이 책은 당신에게 다음과 같은 성공 비결의 공식을 가르쳐 줄 것이다.

ⓐ 당신의 손에 들어오는 1달러 가운데서 10센트를 저축할 것.

ⓑ 6개월마다 이익, 저축이나 투자에서의 배당금을 재투자할 것.

ⓒ 투자하기 전에 전문가의 조언을 구할 것.

제3장

남의 돈을 쓸 줄 알아야 한다

"사업이라고? 그야 매우 간단한 일이지. 그것은 남의 돈을 가리키는 거야!"

알렉산더 듀마 2세는 〈돈의 문제〉라는 희곡 속에서 이같이 말하고 있습니다.

이 말은 '남의 돈'을 사용한다는 뜻입니다. 그것이 큰 부를 손에 넣는 지름길인 것입니다.

벤자민 프랭클린도 그러했고, 윌리엄 니커슨도 그러했으며, 콘라드 힐튼도 그러했습니다, 헬리 카이자도 예외는 아닙니다. 그리고 만일 당신이 부자라면 당신도 그러했을지 모릅니다.

벤자민 프랭클린은 다음과 같은 충고를 하고 있습니다.

『젊은 상인에의 충고』는 프랭클린에 의하여 씌어진 것입니다만, '남의 돈' 이용에 관하여 다음과 같이 말하고 있습니다.

"돈은 자신감을 크게 갖게 해주는 성질을 가지고 있음을 알아야 한다. 돈은 돈을 낳을 수가 있다. 그리고 그 결과가 또 돈을 낳는 것이다."

프랭클린은 계속하여 말합니다.

"1년에 6파운드의 돈은, 하루로 환산하면 불과 4펜스 은화 한 잎에 지나지 않는다는 것을 알아 둘 일이다. 이 얼마 안 되는 돈으로—그것은 매일 아무렇지도 않게 사용될지도 모르는 적은 돈이지만— 돈을 빌린 사람은 1백 파운드를 가지고 그것을 끊임없이 이용하고 있을 수가 있다는 점이다."

프랭클린의 이 말은 돈을 빌려서 그것을 이용하는 것이 어떠한 것인지를 잘 나타내고 있습니다.

당신이 몇 센트를 가지고 일을 시작하였다면, 그것을 사용함으로써 5백 달러나 되는 돈을 언제나 가지게 되는 것입니다. 혹은 아이디어를 확대하여, 수백 만 달러의 돈을 언제나 소유하는 것도 가능합니다. 콘라드 힐튼이 한 것도 그런 것이었습니다. 그는 신용을 활용한 사람이었습니다.

최근에도 힐튼호텔 체인이 큰 공항에 여행자용의 호화 호텔을 짓기 위해서 은행으로부터 2천 5백만 달러를 신용대출한 적이 있습니다. 그때 힐튼은 무엇을 담보로 했을까요? 그건 바로 성실성과 신용의 대명사인 힐튼이란 이름이었습니다.

'남의 돈'으로 투자를 한다

윌리엄 니커슨은 '돈은 돈을 낳을 수 있다.'라는 것을 깨달아 신용과 명성을 얻은 사람 중의 한 사람입니다. 그는 자신이 저술한 책에서 그것에 대해 언급하고 있습니다.

"백만장자를 소개해 주십시오."

라고 그는 쓰고 있습니다.

"반드시 거금의 물주를 소개합니다."

그가 말하는 거금의 물주란 헨리 카이저라든가, 헨리 포드, 월트 디즈니와 같은 대부호를 가리킵니다.

앞으로 소개하는 찰리 몬즈도 은행에서 돈을 빌려서 10년만에 4천만 달러에 이르는 사업을 벌이게 된 사람입니다. 그러나 그 전에, 콘라드 힐튼, 윌리엄 니커즌, 찰리 사몬즈 등의 사람들에게 필요한 돈을 빌려주어 사업을 도운 사람들에 관해서 살펴보겠습니다.

은행은 당신의 편이다

은행은 돈을 융자해 주고 그 이자를 받는 장사를 합니다. 그런 까닭에 될 수 있는 한 성실한 사람에게 돈을 빌려줍니다. 은행은 당신이 성공하기를 절실히 바랍니다. 또한 나의 일을 가장 잘 이해하고 있습니다. 따라서 은행이 해주는 조언에는 귀를 기울이는 것이 좋습니다.

상식이 있는 사람이라면 빌린 돈의 힘과 전문가의 충고를 경시하는 것같은 짓은 하지 않습니다. 찰리 사몬즈라고 하는 평범한 소년이 대부호가 될 수 있었던 것도, '남의 돈'과 성공으로 인도하는 계획, 거기에 진취적인 기상·용기·상식을 지니고 돈의 성공 원리를 이용했기 때문입니다.

대부호 텍사스인 찰리 사몬즈가 있습니다. 그는 19살까지도 다른 10대 소년들처럼 부모로부터 별다른 혜택을 받지 못했기에 열심히 일을 해서 돈을 모으는 길밖에는 다른 방법이 없었습니다.

찰리가 매주 토요일 모아 두었던 돈을 예금하는 은행의 간부 한 사람이 그에게 흥미를 가졌습니다. 돈의 가치를 제대로 알고 있는 소년이라고 생각했기 때문입니다.

찰리가 스스로 솜 장사를 시작할 결심을 하자, 그 은행 간부는 그에게 신용대출을 해주었습니다. 이것은 찰리 사몬즈가 '남의 돈'을 이용한 최초의 일이었습니다. 말할 나위도 없이, 최초인 동시에 최후의 경험으로는 되지 않았습니다. 그는 그때 다음과 같은 것을 배우고 확신하기에 이르렀던 것입니다.

'은행은 나의 편이다.'

솜 브로커가 된 지 1년 반쯤 지나서, 이 젊은이는 말과 노새를 거래하게 되었습니다. 그가 인간의 본질에 대해서 많은 것을 배운 것은 이 무렵이었습니다. 돈에 얽매어 돈의 노예가 되기 전에 원만한 인간성과 타인에 대하여 이해한다는 것은, 현재 성공한 사람이나 장래 성공할 사람에게서 공통적으로 볼 수 있는, 극히 건전한 철학을 찰리 시몬즈는 키워 갔던 것입니다.

치밀한 계획과 '남의 돈'이 엄청난 보험 부금을 낳았다

몇 년 뒤, 찰리는 두 사람의 사나이와 함께 어느 보험회사의 주를 모두 매수했습니다. 그는 그 돈을 어떻게 조달했던 것일까요? '남의 돈'과 저축했던 돈을 사용했던 것입니다. 당연히 모자란 거액의 돈은 은행에서 빌렸습니다. 그는 이미 은행이 자기의 편임을 잘 알고 있었기 때문입니다.

얼마 후에 그는 회사가 연간 4천만 달러 가까운 보험 부금을 모았던 해에, 그는 마침내 오랫동안 찾고 있던 비약적 성장을 하기 위한 성공의 공식을 발견했던 것입니다.

이것으로 이미 모든 준비는 갖추어졌던 것입니다.

1년 동안 4천만 달러의 보험 부금을 낳은 것은 그 공식과 남의 돈이었습니다. 시몬즈는 시카고의 보험회사가 '리드'에 의한 판매 계획을 개발하여 성공하고 있다는 사실을 알고 있었습니다.

오랜 동안 세일즈 매니저들이 사용하고 있던 방법은 판로 개척을 위한 '리드 시스템'을 뜻하는 것이었습니다. 세일즈맨은 충분한 리드를 얻어 종종 거액의 수입을 올리고 있었습니다.

'리드'라고 하는 것은 보험에 관심을 나타내는 개인으로부터의 문의입니다. 이것은 일반적으로 어떤 종류의 판매 촉진 계획에서 얻을 수 있습니다.

경험으로나 인간 본래의 성질로 미루어 보아서도 알 수 있듯이, 많은 세일즈맨은 모르는 사람이나 개인적인 접촉과 인간관계가 전연 없던 사람에게 판매 행위를 할 경우에는 소심해지거나 두려움을 느끼는 법입니다. 그 때문에 그들은 조금 안면이 있다고 생각한 사람에게 많은 시간을 낭비하게 됩니다.

그러나 보통 세일즈맨일지라도 리드를 마음먹은 손님이라면 자진해서 방문한다는 사실을 염두에 두어야 합니다. 그것은 세일즈 트레이닝을 받았거나 세일즈의 경험이 없을지라도—충분한 리드가 얻어진다면—대개 판매에 성공한다는 것을 알고 있습니다. 더구나 방문할 장소나 만날 상대를 이미 알고 있습니다. 면담하기 전부터 손님이 무엇에 관심을 가지고 있는가를 파악할 수 있습니다.

그러므로 사전 정보를 전혀 갖지 않고 판매를 꾀해야 하는 경우처럼 그렇게 두려움을 느끼지는 않습니다. 일부 회사에서는 판매 계획 전체를 이와 같은 리드에 바탕하여 짜놓고 있으며, 그것을 얻기 위해서 광고를 이용하고 있습니다.

그러나 광고는 돈이 듭니다. 찰리 시몬즈는 은행의 담보가 될 만한 좋은 아이디어를 가지고 있을 때에는 돈의 조달을 위해 어디로 가면 좋은 지를 알고 있었습니다. 당시 그 은행은 텍사스 건설에 많은 공헌을 했다는 평판이 자자했습니다. 따라서 좋은 계획을 가지고 그것을 살리는 방법을 잘 아는 자신에게 주저없이 돈을 빌려 줄 것이라고 확신했습니다.

은행들 중에는 융자 희망자의 사업 분석에 시간을 들이지 않는 곳도 있는데, 리퍼블릭 내셔널 은행의 간부들이 바로 그러했습니다. 찰리는 그들에게 자기의 계획을 설명했습니다. 그 결과 시몬즈는 리드 시스템에 의한 보험 사업을 쌓아 올리기 위해서 신용으로 얼마든지 필요한 자금을 쓸 수 있도록 인정 받았던 것입니다.

말할 것도 없이 찰리 시몬즈는 미국의 신용 시스템 덕분에 생명보험 회사를 설립할 수 있었던 것입니다. 이와 같은 조직을 만들어 놓고, 10년간이라고 하는 단기간에 모은 보험 부금을 4십만 달러에서 무려 4천만 달러로 늘릴 수 있었습니다. 그는 또한 투자에도 '남의 돈'을 이용하고 있었으므로, 투자를 행하여 호텔·사무실·빌딩·제조공장 등의 기업 경영권을 손에 넣을 수가 있었던 것입니다.

'남의 돈'의 이용은 꼭 텍사스에만 한한 것은 아닙니다. 클레멘트 스톤는 파는 쪽의 돈을 사용하여 자산 1백 60만 달러의 볼티모어에 있는 보험회사를 매수하였습니다.

그는 어떻게 하여 파는 쪽의 돈을 사용하여 자산 1백 60만 달러의 회사를 사들였을까요?

그는 그 회사 매수에 관해서 다음과 같이 말했습니다.

섣달 그믐날이었습니다. 나는 여러가지 일을 조사하거나 생각하면서 계획을 세우고 있었습니다. 한편으로는 내년의 목표를 몇 개의 주에서 영업할 수 있는 보험회사를 갖도록 하겠다고 마음으로 정하고 있었습니다. 목표 달성의 기간을 1년 후인 12월 31일로 정하였습니다.

그때 내가 알고 있었던 것은 내가 무엇을 구하고 있는가 하는 것과, 목표 달성의 기한이 정해져 있다는 것 뿐이었습니다. 어떻게 하면 목표를 달성할 수 있는가 하는 문제에 대해서는 확신할 수 없었습니다. 그러나 그것은 대단한 문제가 아니었습니다. 방법은 발견될 것이라고 여기고 있었기 때문입니다. 따라서 우선 하지 않으면 안 되는 것은, 나의 욕구를 충족시켜 주는 금융 회사를 찾는 일이었습니다.

나의 욕구라고 하는 것은, 첫째 상해보험을 팔 수 있는 면허를 가지고 있고, 둘째 거의 모든 주에서 영업을 할 수 있는 허가를 얻는다고 하는 것이었습니다. 나는 그 자체의 사업 내용에는 별 관심이 없었습니다. 오직 필요한 것은 전국적인 조직이었습니다.

물론 돈 문제도 있습니다. 간과해서는 안 될 것이지만, 그것은 일이 발견되었을 때 경우입니다. 실제로 그 문제가 생겼을 때 나는 자부할 만큼 유능한 세일즈맨이므로 필요하다면 회사를 매수할 계약을 맺고, 그 회사가 취급하는 보험을 전부, 어느 정도 큰 회사의 보험에 재가입시켜서, 유효한 보험 이외의 것은 모두 나의 것으로 한다고 하는 삼단계 준비의 거래를 해도 안 될 것은 없다는 것을 문득 생각해 냈습니다.

한편 같은 업계의 다른 회사도 비싼 대가를 지불하고 손에 넣으려고 마음먹고 있었습니다. 나에게는 기존 사업은 필요하지 않았습니다. 나에게 전달 수단이 있는 한 나에게는 상해보험업을 시작하는 경험과 능력이 있었습니다. 이런 사실은 전국적인 보험 판매조직을 설정함으로써 이미 증명되었던 것입니다.

나는 당장 직면할지도 모르는 문제를 분석하고 있는 동안에 자기가 무엇을 구하고 있는가 하는 것을 세상에 알리는 것을 생각해 냈습니다. 그렇게 하면 세상이 도와줄 것이라는 믿음과 확신이었습니다.

그리하여 나는 내 자신이 무엇을 구하고 있는가 하는 것을 세상에 알렸습니다. 정보를 제공해 줄 만한 동업자를 만날 때마다, 내가 구하고 있는 것을 이야기했습니다. 엑세스 보험회사의 조지 깁슨도 그중의 한 사람이었습니다. 나는 어떤 용건을 가지고 그를 만났습니다.

새해는 열띤 출발이 되었습니다. 큰 목표가 세워지고 그것을 향하여 걸어 나갔기 때문입니다. 한 달이 지나고, 두 달이 지나고 반년이 지났습니다. 마침내 10월에 접어들었습니다. 그동안 나는 많은 가능성을 탐색해 보았지만, 나의 두 가지 기본적인 요구를 채워줄 만한 것은 하나도 없었습니다.

10월 어느 토요일, 나는 되돌아온 서류를 들고 책상에 앉아 여러 가지로 조사하거나, 계획을 짜거나, 시간을 정리하여 그 해의 목표 리스트를 체크해 보았습니다. 목표는 일단 모두 달성되어 있었으나 달성되지 않은 중요한 목표가 한 가지 남아 있었습니다.

그로부터 이틀 뒤 뜻밖의 일이 일어났습니다. 그 날도 나는 책상에 앉아서 무엇인가를 정리하고 있었습니다. 그러자 갑자기 전화가 울렸습니다. 내가 수화기를 들자, 목소리가 들려왔습니다.

"여보세요, 클레멘트 씨입니까? 조지 깁슨입니다."

그때의 대화는 짧은 것이었지만, 나에게는 잊혀지지 않습니다. 조지는 재빠르게 이같이 말했습니다.

"볼티모어의 상업신용회사가 큰 적자를 냈기 때문에 펜실베니아 상해보험회사를 정리한다고 하는 이야기가 있는데, 흥미가 있지 않을까 해서입니다. 펜실베니아 상해보험회사가 상업신용회사 소유라는 것은 물론 알고 계실테죠. 내주 목요일에 볼티모어에서 이사회가 열린다고 합니다. 펜실베니아 상해보험회사가 다루고 있는 보험은 모두 상업신용회사가 가지고 있는 두 개의 다른 보험회사의 보험에 이미 재가입되어 있습니다. 상업신용의 부사장은 E.H. 워하임이라고 하는 사람입니다."

나는 워하임 씨와 안면이 없었으므로 좀체로 그를 방문할 마음이 내키지 않았지만, 시간을 다투는 문제라는 것을 깨달았습니다. 이윽고 다음의 생각이 나를 행동으로 내딛도록 하였습니다.

'시도해 보더라도 잃는 것은 아무것도 없다. 시도해서 성공할 수 있고 또 모든 것이 손에 들어오는 경우라면 모든 방법을 동원해 보리라. 어쨌든 해보고 볼 일이다!'

나는 주저하는 일없이 수화기를 들고, 볼티모어에 있는 E.H. 워하임에게 장거리 전화를 걸었습니다.

"워하임 씨!"

하고 나는 당당한 목소리로 불렀습니다.

"반가운 이야기가 있습니다."

그리고 나는 자기 소개를 하고 펜실베니아 상해보험회사의 처분 방법을 물은 뒤, 현재 내 입장은 더욱 빨리 목적을 달성하도록 협력할 수 있다고 말했습니다. 그리고 다음 날 오후 두 시에 볼티모어에서 워하임 씨와 만날 약속을 했습니다.

이튿날 오후 두 시, 고문 변호사인 러셀 앨링턴과 나는 워하임 씨와 만났습니다.

펜실베니아 상해보험회사는 나의 요구를 채워줄 수 있는 대상이었습니다. 이 회사는 설흔 다섯 개 주에서 영업할 수 있는 면허를 가지고 있었습니다. 다루고 있는 보험은 이미 다른 회사의 보험에 재가입하고 있었으므로 유효한 보험은 전연 없었습니다. 상업신용회사 쪽은 이번 매도로서 빠르고 확실한 목적을 달성할 수가 있었습니다. 그 밖에 면허 권리금으로서 나로부터 2만 5천 달러를 받았습니다.

결국 유가 증권과 현금으로 1백 60만 달러의 유동자산이 상업신용은행의 손으로 들어갔습니다. 나는 그 1백 60만 달러를 어떻게 마련했던 것일까요? '남의 돈'을 이용한 것입니다. 그것은 다음과 같습니다.

"나머지 1백 60만 달러는 어떻게 하시겠습니까?"

하고 워하임 씨가 물었습니다.

나는 이같은 질문이 나올 것을 이미 예측하고 있었으므로 지체없이 대답했습니다.

"상용신용은행은 돈을 빌려주는 장사입니다. 그래서 그 1백 60만 달러를 여러분들로부터 빌리고자 합니다."

모두들 웃었습니다만, 나는 이야기를 계속했습니다.

"여러분은 얻는 것은 있을지라도 잃는 것은 없습니다. 지금 사려고 하고 있는 1백 60만 달러의 회사를 포함하여, 내가 가지고 있는 것을 몽땅 대부금의 담보로 하기 때문입니다."

"더구나 여러분은 돈을 빌려주는 것이 장사입니다. 나에게 팔려고 하고 있는 회사보다 더 좋은 담보가 달리 있습니까? 게다가 이자가 붙습니다."

"여러분에게 있어서 가장 중요한 것은, 이 방법에 따르면 보다 빨리 확실하게 여러분의 문제가 해결된다고 하는 것입니다."

내 말이 떨어지자, 워하임 씨는 중요한 점을 물었습니다.

"당신은 어떻게 해서 그 대부금을 갚을 생각입니까?"

나는 이 질문에 대한 답도 준비해 두었던 것입니다.

"60일 이내에 깨끗이 청산할 것입니다."

"어쨌든 펜실베니아 상해보험회사가 허가를 얻고 있는 설흔 다섯 개주에서 상해보험회사를 경영하는데 60만 달러 이상은 필요 없을 것입니다."

"펜실베니아 상해보험회사가 모두 나의 것이 된다면, 자본금 1백 60만 달러에서 50만 달러로 줄여버리면 되는 것입니다. 그렇게 하면, 독점주주로서 나는 나머지 1백 10만 달러를 대부금 청산으로 돌릴 수가 있다는 것이죠."

"문제가 되는 것은 말할 나위도 없이, 수입·지출을 가릴 것 없이 모든 거래에 부과되는 소득세입니다. 그러나 이 거래에서는 소득세를 지불할 필요는 없을 테죠. 그 이유는 간단합니다. 펜실베니아 상해보험회사는 이익을 올리지 못하였고, 따라서 자본금을 줄일 때에 내가 인수하는 돈도 이익이 되지는 않기 때문입니다."

그러자 더욱 질문이 계속되었습니다.

"자본금으로 하는 50만 달러는 어떻게 하여 갚을 생각이십니까?"

이 경우에도 나는 답을 준비해 두었으므로 이같이 대답했습니다.

"그것은 간단합니다. 펜실베니아 상해보험회사에는 현금·국채, 비싼 값을 부르고 있는 유가증권만으로 구성되는 자산이 있습니다. 펜실베니아 상해보험회사의 내 지분과 대부금 결제를 더욱 확실하게 하는 뜻에서 나 이외의 자산도 보태서 담보로 하면 나의 주거래 은행에서 50만 달러는 빌릴 수 있습니다."

우리는 이렇게 오후 5시에 상해보험회사 사무실을 나옴으로써 모든 거래는 끝났던 것입니다.

나의 경험을 이와 같이 자세하게 소개한 것은 '남의 돈'을 이용하여 목표를 달성하기 위해서 거쳐야 하는 각 단계를 알기 쉽게 설명하기 위해서입니다.

'부로 가는 지름길은 있는가?'라고 제목을 붙인 제3부 제1장과의 관련성을 생각하면, 거기서 말한 원리가 여기서 어떻게 이용되고 있는가 하는 것도 알 수 있을 것입니다. 이 이야기는 '남의 돈'의 이용이 도움이 된다고 하는 것을 나타내고 있는데, 때로는 신용이 재난이 되는 경우도 있습니다.

신용이 당신에게 재난이 되는 경우도 있다

이제까지는 신용을 이용하는 이점에 관해서 말해 왔습니다. 돈을 벌 목적으로 돈을 빌리는 실제에 관해서 말해 온 것입니다. 돈을 벌기 위해서 돈을 빌리는 것이야말로 자본주의의 좋은 점입니다.

그러나 어느 쪽이 좋은가 하는 것에 이르러서는 소극적인 마음가짐에 의하여 남에게 재난이 되는 경우도 있다는 것입니다. 신용도 예외는 아닙니다. 신용이 성실한 인간을 불성실한 인간으로 만들어 버리는 경우도 있기 때문입니다. 신용의 오용은 괴로움·욕구 불만·불행·불성실을 낳는 크나큰 원인 중의 하나입니다.

여기서 다루는 신용은 신용 제공자가 자발적으로 주는 신용입니다. 신용 제공자가 남에게 신용을 주는 경우, 상대가 신용을 받기에 적합한 인물이라고 생각하고, 혹은 그 성실성을 신뢰하고 신용을 줍니다. 한편 신뢰를 배신하는 사람은 불성실한 인간입니다. 이와 같은 인간은 한번 승낙한 지불을 미루거나, 차용금을 갚을 생각도 없이 돈을 빌리거나 상품을 사들이거나 합니다.

성실한 인간일지라도 사정이 있어서 지불 기일에 치루지 않거나, 차용금의 변제나 외상 상품의 지불을 게을리하면 불성실한 인간이라고 할 수 있습니다.

적극적인 마음가짐의 부적이 효과가 있는 인간이라면, 사실을 직시할 용기를 가지고 있기 때문입니다. 그는 사정이 있어서 약속 기일에 지불하지 못한다고 하면 될 수 있는 대로 빠른 기회에 미리 그런 사정을 채권자에게 통고해야 합니다. 그리고 채권자의 동의를 얻어서 만족스런 계약을 다시 맺어야 합니다. 그밖에 무엇보다도 부채가 완전히 없어질 때까지는 채권자에게 성심성의를 다할 일입니다.

상식을 갖추고 있는 성실한 인간은, 신용 제공의 은혜를 남용하지 않습니다.

상식에서 벗어난 불성실한 인간은 함부로 돈을 빌리거나 신용으로 물건을 사든가 합니다. 채권자에게 차용금을 갚을 이렇다 할 수단을 생각하고 있지 않으므로 부적의 소극적인 마음가짐의 효과가 그를 불성실한 인간으로 만들어 버리는 것 같은 무서운 결과를 낳는 것입니다.

그는 곤란한 처지가 되었으니 어쩔 도리가 없다고 생각하고 있을지도 모릅니다. 그는 차용금이 있다고 해서 교도소에 들어가게 되는 일은 없다고 하는 것을 너무나도 잘 알고 있습니다. 그러나 그가 아무리 벌을 받을 리는 없다고 생각하고 있더라도, 실제로는 그 때문에 일어나는 괴로움 · 불안 · 욕구 불만이 쉴새없이 그에게 벌을 주고 있는 것입니다.

이는 그의 부적에 강한 적극적인 마음가짐의 효과, 그에게 부채를 깨끗이 갚을 만한 효과가 나타날 때까지는 불성실한 인간에게 주어지는 변함없는 진리입니다.

신용 제공을 받은 은혜를 남용하는 것은 문자 그대로 육체적 · 정신적 · 도덕적 질병도 가져다 줍니다. 그러나 남의 돈의 신용은 가난한 정직자를 부자로 만드는 수단으로 훌륭한 것입니다. 돈이라는 것은 사업을 성공으로 인도하는 중요한 열쇠입니다.

〈지침 12〉 당신이 간직해야 할 생각

1. "사업? 그건 매우 간단한 일이지. 그건 남의 돈을 빌리는 거야!"
2. 남의 돈을 사용한다는 것, 그것이 큰 부를 손에 잡을 수 있는 지름길인 것입니다.
3. 남의 돈을 사용하라! 이 말의 기본적인 전제는 성실 · 명예 · 정직 · 충성, 의견의 일치, 황금률이라고 하는 최고의 윤리 기준에 바탕하여 경영을 행하는 일이다.
4. 불성실한 인간은 신용받을 자격이 없다.

5. 은행은 당신의 편이다.

6. 시도하더라도 잃는 것은 하나도 없고, 시도하여 성공할 수 있고 또 모든 것을 얻을 수 있다면 모든 방법을 동원하라.

7. 신용을 함부로 이용하면 당신에게 재난이 된다. 신용의 남용은 심한 욕구 불만, 불행·불성실을 낳는 원인이 된다.

제4장

내 직업에 만족하는 방법을 체득하라

직업이 무엇이든 당신의 직업에서 만족을 찾아내는 일은 오로지 자신에게 달려 있습니다.

만족은 마음가짐의 움직임입니다. 따라서 당신의 마음가짐은 자신이 완전히 소유하고 지배할 수 있습니다. 당신은 자기의 직업에서 만족을 얻는 방법을 발견할 수 있습니다.

'성공할 가능성이 있는 직업'—자연스런 태도를 취할 수 있고, 애착도 느끼는—에서는 만족을 찾기 쉽습니다. '되도록이면 해서는 안 되는 직업'을 가지고 있을 경우에는 정신적·감정적 갈등이나 혹은, 욕구불만을 경험하게 됩니다. 그러나 적극적인 마음가짐을 살려 직업에 숙달하기 위한 경험을 쌓을 마음만 먹으면 그와 같은 갈등이나 욕구불만은 중화되고 극복할 수가 있습니다.

하와이 왕가의 자손 젤리 애덤은 국제적으로 유명한 회사의 하와이 지사 세일즈 매니저로서 대단한 자부심을 갖고 있습니다. 이는 젤리가 자신의 일에 대해 너무나 잘 알고 숙달되어 있기 때문입니다. 따라서 그가 하고 있는 업무에는 무리가 없습니다. 그러나 이와 같은 젤리에게도, 어쩐 일인지 탐탁지 않은 날이 있었습니다.

세일즈 분야에서 이와 같은 날은 곤란을 극복하고 적극적인 마음가짐을 잃지 않도록 노력해야만 막을 수 있습니다. 그리하여 젤리는 일에 적극적인 마음을 일으켜 주고 기운을 북돋아 주는 책을 읽었습니다.

젤리는 책에 씌어 있는 교훈을 믿고 실행했습니다. 스스로 그것을 시도해 보았던 것입니다. 그는 회사의 판매 안내서를 연구하고, 실제의 판매 활동에서 배운 것을 실천으로 옮겼습니다. 그는 목표, 높은 목표를 설정하고, 그것을 달성했습니다. 그리고 매일 아침 자기 자신에게 이와 같이 들려주는 것이었습니다.

'나는 건강하다, 행복하다, 순조롭다.'

실제로 그 날의 그는 건강하고 행복하고 순조로웠습니다. 그의 판매 성적도 순조로움 그것이었습니다.

젤리는 세일즈에 자신을 갖게 되자, 새로 입사한 세일즈맨들을 모아 놓고 그가 배운대로 교육을 하였습니다. 훈련은 회사의 훈련 계획표에 나타나 있는 대로, 가장 새롭고 가장 훌륭한 판매 방법을 내용으로 행하였습니다.

또한 그는 그들을 한 사람씩 현장에 데리고 나와서는 올바른 방법을 사용하여 계획을 세우고 적극적인 마음가짐으로 세일즈가 어렵지 않다는 것을 실제로 보여 주었습니다. 그리고 높은 판매 목표를 내걸고, 적극적인 마음가짐으로 그것을 달성하도록 훈련시켰습니다.

젤리의 그룹은 매일 아침 전원이 힘을 모아서 '나는 건강하다, 나는 행복하다, 나는 순조롭다.'라고 암송하면서 서로를 격려하고 각각 그날의 판매 할당을 달성하기 위해서 출발합니다. 그들이 내거는 목표는 미국 본토의 노련한 세일즈맨이나 세일즈 매니저가 놀랄 정도로 높은 것이었습니다.

매주 주말이 되면 세일즈맨 전원은 젤리 회사의 사장이나 세일즈 매니저를 기쁘게 해줄 판매 보고서를 제출합니다. 젤리와 그의 직원들은 자기들의 직업에서 행복을 느끼고 만족을 얻고 있는 것일까요? 참으로 그렇습니다. 그 이유를 몇 가지 들어보겠습니다.

(1) 우리는 자신들의 일을 충분히 연구하고 있고, 법칙과 기술의 응용 방법을 잘 알고 이해하고 있으므로 스스로 하는 일에 부자연스런 느낌이 없다.

(2) 목표를 정확히 정하고, 그것을 달성할 수 있다고 믿고 있다.

(3) 자기 동기를 사용하여 적극적인 마음가짐을 지속시키고 있다.

(4) 일이 잘 되어가므로 만족을 느낀다.

마음가짐에 따라서 차이가 생긴다

젤리 애덤과 그의 직원 세일즈맨들에게 그들의 직업에 대한 만족을 발견하게 한 것도 마음가짐이었습니다.

자기의 일에 만족하는 사람과 그렇지 않은 사람의 차이는 무엇일까요? 행복에 만족하고 있는 사람들은 자기의 마음가짐을 조정합니다. 그들은 주어진 상황에 대해서 적극적인 태도를 취합니다. 그리하여 당연히 좋은 것을 구하지만, 좋지 않은 것이 있을 때는 우선 스스로 잘 될 수 있을지 어떨지를 알아봅니다.

그들은 자기의 일에 대해서 연구를 열심히 하므로 그만큼 일에 숙달되고, 자기 자신은 말할 것도 없고 경영자에게도 보다 만족할 만한 일을 할 수 있게 됩니다.

그러나 불행한 사람들은 소극적 마음가짐에 집요하게 매달려 있습니다. 마치 스스로 불행해지겠다고 원하고 있는 듯한 느낌입니다. 점심 시간이 너무 짧다. 상사가 마음에 안 든다. 회사가 충분한 휴가와 보너스를 주지 않는다…… 무슨 일이나 짜증을 내고 불만스러워 합니다.

그러므로 그들은 불행한 인간이 될 수밖에는 없습니다. 물론 그들도 어떤 일에 성공을 거둘 때도 간혹 있습니다. 그러나—직업, 그밖의 점에 있어서도—불행한 사람임에는 변함이 없습니다. 완전히 소극적인 마음에 사로잡혀 있기 때문입니다.

이것은 직업의 종류에 관계 없는 사실입니다. 당신이 행복하고, 만족을 발견하고 싶다고 생각한다면, 그것은 가능합니다. 마음가짐을 조절하고, 부적을 소극적인 마음가짐에서 적극적인 마음가짐으로 뒤집어 놓고, 행복을 발견하는 방법을 찾는 일입니다.

행복과 열의를 일하는 곳으로 가져올 수가 있다면, 당신은 다른 사람이 할 수 없는 일을 할 것입니다. 그러므로 일이 즐거운 것으로 되고, 직업에 대한 만족감은 얼굴이나 생산성에도 나타나게 될 것입니다.

명확한 열의가 그녀의 열의를 끓게 했다

최근에 일어난 일입니다만, 우리 나폴레온 힐 / 클레멘트 스톤의 '성공의 과학' 교실 한 곳에서 자기의 일에 열의를 가지게 하는 이 법칙에 관해서 이야기를 하고 있으려니까, 교실 뒤쪽에 있던 젊은 여성이 손을 들었습니다.

그녀는 일어서서 이같이 말했습니다.

"저는 남편을 따라서 여기 왔습니다만, 여러분이 말씀하시고 있는 것은 직장에서 일하고 있는 분들에게는 들어맞을지 모릅니다만, 가정 주부에게는 해당되지 않습니다. 여러분은 매일 새로운 도전과 흥미를 끄는 사건에 부딪치고 있습니다. 그러나 가정에는 그런 것이 없습니다. 가정에 문제라고 하면 매일 너무나도 어처구니 없는 일이 되풀이될 뿐입니다."

우리나폴레온 힐 / 클레멘트 스톤 두 사람이 볼 때 이것이야 말로 진정한 도전처럼 여겨졌습니다. '매일 너무나도 어처구니 없는' 직업에 종사하고 있는 사람이 많기 때문입니다. 이 젊은 여성을 구할 방법을 찾아낼 수 있다면, 일이 매일 똑같다고 생각하고 있는 사람들을 구할 수 있을지 모른다고 생각했기 때문입니다.

우리는 무엇이 집안 일을 그와 같이 '매일처럼 하게 하는 것이냐'고 물어 보자, 그녀는 이렇게 대답하였습니다.

"침대가 흩어졌다고 하면 침대를 고치고, 접시가 더럽다고 하면 접시를 닦고, 방바닥이 흙투성이가 되었다고 하면, 방바닥을 훔치고, 그러한 일들의 되풀이입니다."

하는 대답이 나왔습니다.

이어서 그녀는 말했습니다.

"여러분에게 이런 일을 시켜도 해낼 리 없을 것입니다."

"제대로 안 될테죠."

하고 강사도 그녀의 의견에 동의했습니다.

"그런데 집안 일을 즐겁게 하고 있는 여성도 있습니까?"

"물론 있다고 생각합니다."

"무엇 때문에 집안 일을 재미있다고 여기고, 가사에 대한 열의를 잃지 않는 것입니까?"

그 젊은 여성은 한순간 생각한 뒤에 이같이 대답했습니다.

"아마도 그것은 태도에 달려있다고 생각합니다. 그와 같은 여성은 자기의 일을 좁게 한정시켜 생각하지 않고, 일상적인 것을 초월한 무엇인가를 보고 있는 듯합니다."

이것이 문제의 중심점이 되었습니다. 직업에 만족을 느끼는 비결의 하나는 일상인 것을 초월하여 볼 수 있는 태도입니다. 당신이 가정 주부이든, 판매 직원이든, 대기업의 사장이든 진실을 갖는 마음입니다.

일상의 자질구레한 일도 하나의 디딤돌이라고 본다면, 그 속에서 만족을 찾을 수 있을 것입니다. 조그만 일의 하나하나가 각각 하나의 돌이라면, 그것들은 어떻든 당신이 선택한 어느 한 방향으로 쌓여져 가는 것입니다.

디딤돌 이론을 사용하라

결국 그 젊은 여성의 질문에 대한 답은 달성하고자 하는 목표가 무엇인지를 찾아내서 매일 행하는 일정한 집안 일을 끝까지 달성하는 것을 돕는 방향으로 인도하는 일이었습니다. 그녀는 언젠가 가족들과 함께 세계 일주 여행을 하고 싶다고 털어 놓았습니다.

"좋습니다."

"그렇다면 그것을 목표로 합시다. 스스로 기한을 정해 주십시요. 언제쯤 출발하시고자 합니까?"

"아이가 12살이 되었을 때입니다."

하고 그녀는 말했습니다.

"그러면 지금부터 6년 뒤인 셈이죠."

"그렇다고 하더라도 좀 벅찬 일인 것 같군요. 우선 돈이 듭니다. 남편은 1년간 휴가를 얻지 않으면 안 될 뿐더러 여행 계획도 세우지 않으면 안 됩니다. 방문하는 나라들에 관한 조사도 하고 싶을 테죠, 그러면서 침대를 바로 놓든가, 접시를 닦고 방바닥을 훔치는 등의 일을 목표를 달성하는 디딤돌로 할 방법을 발견할 수 있으리라고 생각하십니까?"

그로부터 몇 달 뒤, 이 이야기의 주인공이 우리나폴레온 힐 / 클레멘트 스톤 강의실에 찾아왔습니다. 그녀가 강의실에 들어온 순간 성공한 일을 자랑스럽게 여기고 있다는 것을 알 수 있었습니다.

"디딤돌 이론의 효과가 얼마나 훌륭한 지 여간 놀란 게 아닙니다."

하고 그녀는 말했습니다.

"아무리 조그만 일이라도 디딤돌이 되지 않는 일은 하나도 없었던 것이죠. 저는 청소를 하면서 여행 계획을 세우는 시간으로 쓰고 있습니다. 장보는 나들이는 시야를 넓히는데 알맞는 시간입니다. 한편 식사 시간은 교육 시간으로 사용하고 있습니다. 중국의 계란 국수를 먹으려고 할 때에는 중국이나 중국인에 관해서 씌어져 있는 것을 될 수 있는 대로 많이 읽고 식사를 할 때 그 일을 가족 모두에게 이야기합니다."

"저에게는 이미 지루한 일이나 재미 없는 일은 하나도 없습니다. 디딤돌 이론 덕분으로, 다시 전처럼 되돌아가는 일은 없을 것입니다."

당신의 직업이 아무리 단조롭고 지루하더라도 지향하는 목표가 분명하면 당신에게 만족을 줄 수가 있습니다. 이것은 어느 직업에 한한 것이 아니라, 더 많은 사람들에 대해서도 말할 수 있는 것입니다.

어떤 젊은이가 의사가 되고 싶다고 생각한다면, 그를 위한 학교 교육을 받지 않으면 안 됩니다. 그가 선택한 직업은 시간, 개업 장소, 보수의 정도 등 많은 요인에 따라서 좌우됩니다. 소질 따위는 우선 관계가 없습니다. 아무리 머리가 좋고 야심적인 젊은이일지라도 한평생을 커피 스탠드 옆에 있거나, 차를 닦거나 땅을 파면서 끝낼지도 모릅니다.

직업은 경쟁을 하거나 자극을 주거나 하지는 않습니다. 목적을 달성하기 위한 수단에 지나지 않다는 것입니다. 더구나 자기의 희망대로 나아가고 있는 것이 확실한 것이라면, 직업에 의하여 어떠한 고생이 따를지라도 최종 결과는 그 사람에게 어울리는 것입니다.

그러나 때로는 주어진 직업에 치루지 않으면 안 되는 희생이 목표하는 결과에 비하여 너무 큰 경우도 있습니다. 우연히 그런 직업에 종사하게 되면 직업을 바꾸십시요. 비참하다는 생각을 하면서 일하고 있으면 그 불만의 독소가 생활의 모든 면으로 퍼지고 맙니다.

그러나 그것에 상응하는 희생을 치르더라도, 여전히 자기의 직업이 못마땅하다 생각되면 번득임을 주는 불만을 키우십시요. 불만이라는 것도 조건 나름이므로 플러스가 되기도 하고 마이너스가 되기도 하며, 잘 되기도 하고 못 되기도 합니다. 적극적인 마음가짐은 주어진 상황에 적합한 마음가짐이라고 하는 것을 기억해 주시기 바랍니다.

번득임을 주는 불만을 키운다

프랭클린 생명보험회사 찰스 베커 사장은 말했습니다.

"나는 평소에 불만을 가지도록 사람들에게 권합니다. 불만이라고 하더라도 불평 불만의 뜻으로서의 불만이 아니라, 세계의 온 역사를 통하여 모든 진정한 진보와 변혁을 낳고 있는 '거룩한 불만'이라고 하는 뜻으로서의 불만입니다. 만족하는 것은 금물입니다. 끊임없이 자기 자신뿐만이 아니라, 자기를 둘러싼 세계를 개혁하고 완전한 것으로 하고자 하는 충동으로 부채질하도록 하고 있는 편이 좋다고 생각합니다."

번득임을 주는 불만은 죄 많은 사람을 성자로, 실패를 성공으로, 가난을 부유로, 패배를 승리로, 불행을 행복으로 바꾸는 동기를 사람에게 줄 수가 있습니다.

나는 말합니다.

"어떠한 불운에도 그것에 맞먹는 이익의 씨앗이 있다."

지난날 대단히 고생스럽고 불행한 경험으로 생각되었던 것이, 평생 못 가지게 될지도 모르는 성공이나 행복을 향하여 버틸 수 있는 용기를 준다고 하는 것은 사실이니까요!

불만은 성공의 동기를 만든다

앨버트 아인슈타인은 '뉴턴의 법칙'이 모든 문제에 해답을 주지 않는다는 것에 불만을 품고 있었습니다. 그리하여 그는 고도의 수학을 계속 연구하여 마침내 '상대성 이론'을 낳았습니다.

그리고 이 이론을 바탕으로 세계는 원자를 파괴할 방법을 개발하고 에너지를 물질로, 물질을 에너지로 바꾸는 비밀을 알았으며, 우주에 도전하여 정복하는 데 성공했습니다. 경이적인 것은 어떤 것일지라도 아인슈타인이 번득임을 주는 불만을 키우지 않았다고 한다면 생겨나지도 않았을 것입니다.

물론 무엇이거나 다 아인슈타인과 같은 덕분이라고 할 수는 없지만, 번득임을 주는 불만에서 생겨난 것이 세계를 바꾼다고 할 수도 없습니다. 그러나 자기의 세계를 바꾸고, 자기가 가고 싶어 하는 방향으로 나아가게 할 수는 있습니다.

클라렌스 란처가 자기 직업에 불만을 품었을 때, 그에게 어떤 일이 일어났는지 이야기하겠습니다.

그것은 그것으로 좋았을까

클라렌스 란처는 오랜 동안 오하이오주 캔턴 시 전철 차장으로 근무하고 있었습니다.

어느 날 아침, 그는 눈을 뜨자 자기는 현재의 직업이 싫다고 생각했습니다. 그의 직업은 같은 일의 되풀이었습니다. 그는 진저리가 났습니다. 자기의 직장 일을 생각하면 생각할수록 불만은 쌓여갈 뿐이었습니다. 생각을 하지 말자고 마음먹어도 뜻대로 될 것 같지 않았습니다. 불만이 쌓여서 강박 관념으로 되어버릴 것 같았습니다. 클라렌스가 품고 있던 불만은 대단히 강렬한 것이었습니다.

그러나 그가 전철 회사 만큼 오랜 동안 다른 회사에 근무했더라도 자기는 불행하다고 마음먹게 되면, 좀체로 그 생각이 머리에서 떨어지지 않는 법입니다.

더구나 클라렌스는 'PMA—성공의 과학' 강좌를 받고 있어, 마음만 내키면 어떤 직업에도 만족할 수 있다는 것을 배우고 있었습니다. 그가 해야 할 일은 먼저 올바른 태도를 취하는 일이었습니다.

클라렌스는 상황을 확실하게 파악하고, 거기서 무엇을 할 수 있는가 하는 것을 생각하기로 하였습니다. '어떻게 하면 일이 즐겁게 될 것인가?' 하고, 그는 자기 자신에게 물었습니다.

그리고 매우 좋은 답을 얻어냈습니다. 그는 남을 행복하게 해주면, 자기도 행복하게 된다고 생각한 것입니다.

그에게는 주위에 행복하게 해줄 수 있는 사람이 많이 있었습니다. 매일 전철 안에서 많은 사람들을 만나고 있었기 때문입니다. 그는 언제 누구와도 손쉽게 친구가 될 수 있는 성격의 소유자였기 때문에 이와 같이 생각했습니다.

"이 특기를 살려서 전철을 타는 사람들의 하루하루를 조금이라도 밝은 마음이 되게 해주리라."

클라렌스의 이 착상은 대단히 멋진 것이었습니다. 그의 꾸밈새 없는 밝은 인사가 그들을 매우 즐겁게 해주었기 때문입니다. 그들이 즐거우면 당연 클라렌스도 즐거웠을 테니까요.

그러나 그의 감독자는 반대의 태도를 취했습니다. 감독자는 클라렌스를 불러서 필요 이상으로 친절하게 하는 것을 일체 중지하라고 충고했습니다.

클라렌스는 그런 충고에 귀를 기울이지 않았습니다. 그 뒤에도 남을 행복하게 해주는 일에 더 정성을 들였습니다. 그리고 그와 승객들에 관한 한, 그는 일에서 대성공을 거두었습니다.

하지만 클라렌스는 파면을 당했습니다. 클라렌스에게 문제가 있었던 것입니다.—그러나 그것은 분명 좋은 일이었습니다. 'PMA—성공의 과학'에서 배운 결과가 그대로 나타났기 때문입니다.

클라렌스는 이렇게 된 이상 나폴레온 힐이 책의 공저자을 방문하여 이 문제를 어떻게 했으면 좋을지, 그리고 그가 당한 이유를 분명히 해 두는 것이 좋겠다고 생각했습니다.

그는 힐에게 전화를 걸고, 다음 날 오후 만날 약속을 했습니다.

"선생님, 나는『생각하라. 그러면 부자가 될 수 있다』를 읽고서 'PMA—성공의 과학'을 공부했지만, 어디에선가 길을 잘못 든 것 같아요."

그리고 그는 자초지종을 나폴레온 힐에게 말했습니다. 그리고 마지막으로 말했습니다.

"나는 지금 무엇을 하고 있는 것일까요?"

나폴레온 힐은 웃으면서 대답했습니다.

"당신의 문제를 잘 생각해 봅시다. 당신은 자신이 하고 있던 일에 늘 불만을 품고 있었습니다. 그것은 당연한 일입니다. 그래서 당신은 붙임성이 있고, 서글서글한 성격이라고 하는 당신의 최고의 재산을 살려서 일을 보다 나은 것으로 하고, 일에서 만족을 얻는 동시에 남에게도 만족을 주려고 했던 것입니다. 문제는 당신의 상사가 당신이 하고 있는 것에 대해서 볼 수 있는 눈을 가지고 있지 않다는 데서 생겼습니다. 오히려 그것은 잘 된 일입니다. 지금의 당신은 더 한층 큰 목표를 위해서 그 훌륭한 개성을 살릴 수가 있는 기회가 기다리고 있기 때문입니다."

그리고 나폴레온 힐은 전철 차장으로서 보다도 세일즈맨으로서의 훌륭한 능력과 붙임성있는 성격을 살릴 수 있다는 것을 클라렌스 란처에게 가르쳐 주었습니다. 이리하여 클라렌스는 뉴욕 생명보험회사의 세일즈맨으로서 새로운 직업을 얻게 되었습니다.

클라렌스가 최초로 방문한 손님은 그가 근무하고 있던 전철 회사의 사장이었습니다. 클라렌스는 그 사장에게 자기의 갱생을 있는 그대로 하여 부딪쳐 보았습니다. 이윽고 그가 사무실에서 나왔을 때에는 10만 달러의 생명보험에 들겠다는 신청서를 가지고 있었습니다.

힐이 클라렌스를 마지막 만났을 때에는 그는 뉴욕에서도 일류 보험 세일즈맨으로 변해 있었습니다.

둥근 구멍에 네모진 말뚝

하나의 환경 속에서 당신을 행복하게 하거나 성공하게 하는 개성과 재능과 능력은 서로 반대의 작용을 하고 있는 경우가 있습니다. 당신에게는 하고 싶다고 하는 훌륭히 할 수 있다는 성격의 특성이 있습니다.

개운치 않은 기분으로 하는 일이나, 어쩐지 마음 내키지 않는 일을 하고 있으면, 당신은 '둥근 구멍에 네모진 말뚝'이라고 하는 말을 듣습니다. 이와 같은 불행한 입장에 놓여 있을 때에는 직업을 바꾸고, 당신에게 있어서 즐거움을 주는 환경으로 옮겨야 합니다.

직장을 바꿀 수가 없는 경우도 있습니다. 그때에는 당신의 개성·재능·능력에 알맞도록 환경을 조정할 수가 있으므로 역시 즐겁게 일할 수 있도록 될 것입니다.

즉 '구멍을 네모로 하는' 것입니다. 이 해결법은 태도를 소극적인 태도에서 적극적인 태도로 바꾸는 데서부터 시작될 것입니다.

그렇게 하려고 하는 타오르는 듯한 열망을 이끌어 내서 계속 품고 있으면, 당신의 성벽과 습관을 없애거나 바꾸어서 새로운 성벽과 습관을 몸에 붙일 수가 있습니다. 그런 열정이 꽉 찬 마음이 되면, '말뚝을 둥글게 하는' 지혜를 가질 수도 있습니다. 그러나 성벽과 습관을 바꾸는 것에 성공하기 전에, 정신적·도덕적 갈등에 견딜 수 있는 각오를 해야 합니다. 그만한 대가를 지불할 의지가 있다면 갈등은 극복될 수 있습니다. 그리고 옛 성벽과 습관은 꼬리를 감추고 말 것입니다. 그렇게 되면 당신은 행복하게 됩니다. 개운치 않은 기분을 가지지 않고도 일을 할 수 있기 때문입니다.

틀림없이 성공하기 위해서는 내면에서의 싸움이 계속하는 동안에, 무엇보다도 육체적·정신적·도덕적 건강을 유지하도록 노력하는 것이 필요합니다.

〈지침 13〉 당신이 간직해야 할 생각

1. 만족은 마음가짐에 있다.
2. 자신의 마음가짐은 소유자인 당신이 완전히 지배할 수 있다.
3. 나는 건강하다, 행복하다, 순조롭다.
4. 목적을 정할 때에는 될 수 있는 대로 높은 목표를 노려라.
5. 일상적인 것을 넘어서 건너편을 보라. 디딤돌 이론을 살펴라.
6. 번득임을 주는 불만을 키워라.
7. 만일 당신이 둥근 구멍 속의 네모난 말뚝이라면, 당신은 무엇을 할 수 있는가?

제4부

✳

성공에 대비하라

제1장
마음 속 에너지를 높여라

오늘 당신의 에너지는 어떤 상태입니까? 일을 착수하기 전부터 실행할 마음이 생겼습니까? 열의를 가지고 일에 착수하였습니까?

당신은 그렇지 않았을지도 모릅니다. 아마도 당분간은, 당신이 가져야 하겠다고 생각하고 있던 정력이나 활력을 가지지 못했는지도 모릅니다. 당신은 일을 시작하기 전부터 피로하고 우울한 기분으로 일을 하고 있는지도 모릅니다. 그렇다면 무엇이든 시작하는 것이 좋습니다.

애리조나주 노드 페닉스 고등학교에서 트랙 경기 코치를 하고 있는 바넌 울프는 실제 지도를 할 수 있는 그 방면의 전문가입니다. 미국에서도 손꼽히는 코치로서 노드 페닉스 고교에서 그의 지도를 받은 학생으로, 전 미국 대학의 기록을 깬 사람이 몇 명인가 있을 정도의 실력자입니다.

그는 이들 스타 선수들에게 어떠한 트레이닝을 시키고 있는 것일까요? 그는 복합 효과를 발휘할 수 있는 처방을 가지고 있었습니다. 정신과 육체의 양면 컨디션을 동시에 정비하는 것을 가르치는 것입니다.

바넌 울프는 말하고 있습니다.

"자기 스스로가 할 수 있다고 믿으면 대개는 할 수 있습니다. 그것이 과제와 겨루는 마음가짐이죠."

에너지에는 두 종류가 있습니다. 하나는 육체적인 것이고, 다른 하나는 정신적인 것입니다. 이 두 가지를 비교하는 경우, 후자 쪽이 훨씬 중요합니다. 잠재의식에서 짧은 시간 내에 대단한 힘과 강함을 이끌어 낼 수가 있기 때문입니다.

예컨대, 극도로 긴장되어 있을 때에 인간이 보이는 괴력의 발휘나 인내력에 관해서 생각해 보십시요. 자동차 사고가 일어나서 남편이 뒤집힌 자동차 밑에 깔렸습니다. 몸집이 작고 힘이 없는 아내가 순간적으로 망설이지만 곧 정신을 차리고, 남편이 기어 나올 수 있도록 어떻게 하든 차를 들어올립니다. 이것이 거칠게 달리는 잠재의식에 지배되는 미치광이라면, 정상적일 때는 상상도 못할 것 같은 힘으로 파괴하거나, 들어 올리거나 휘어 꺾거나 태질을 치기까지 할 수 있습니다.

로저 버니스터 박사는, 〈스포츠 일러스트 레이티드〉지의 연재기사에서 육상 경기의 오랜 동안의 숙원을 달성하기 위해서 정신과 근육 양면의 트레이닝을 행하여 비로소 1마일 4분의 벽을 깼을 때의 과정을 이야기하고 있습니다.

그는 몇 달 동안에 걸쳐, 그때까지 도달할 수 없다면 기록도 달성할 수 없다는 신념을 잠재의식적으로 가지게 되는 컨디션 조절 훈련을 행하였습니다.

당시만 해도 4분 대의 기록은 넘지 못할 벽이라고 생각했습니다. 그러나 버니스터는 그것을 시작의 입구라고 생각하고 있었습니다. 한번 지나가고 나면, 다른 장거리의 신기록에 통할 수 있는 길이 얼마든지 열릴 수 있으리라고 생각하였습니다.

그의 이러한 생각은 결국 이루어졌습니다. 로저 버니스터가 길을 열어 놓은 것입니다. 그가 처음으로 1마일 4분의 벽을 깨고난 지 4년쯤 지나서, 그를 포함하여 마흔 여섯 번이나 그 위업이 달성되었습니다. 1988년 8월 6일, 아이슬란드 더블린 경기에서는 동시에 5명의 선수가 1마일에 4분의 기록을 깨뜨렸습니다.

로저 버니스터에게 이 비결을 전해 준 사람은 일리노이 대학 체력 적성 연구소장인 토머스 커크 큐턴 박사입니다. 큐턴 박사는 신체의 에너지에 대해서 완전히 새로운 생각을 가지고 있었습니다. 이 생각은 운동 선수에게나 운동 선수가 아닌 사람에게도 적용된다고 그는 말하고 있습니다. 이것을 살리면 육상 선수는 보다 빨리 달릴 수 있게 되고, 육상 선수가 아닌 사람도 보다 오래 살 수가 있다고 하는 비결입니다.

큐턴 박사는 말합니다.

"비록 신체의 단련 방법을 알고 있더라도, 50살에서 20살의 건강을 유지할 수 없는 것은 말할 나위도 없습니다."

큐턴 박사의 방법은, '첫째 전신적으로 단련한다. 둘째 내구력의 한계까지 단련하고, 연습할 때마다 그 한계를 넓혀 간다.'—이 두 가지를 기본 원리로 하고 있습니다.

"기록을 깨는 기술은, 자기가 몸에 익힌 이상의 것을 지신으로부터 이끌어 내는 능력입니다. '견디어 내자, 견디어 내자' 하고 자신에게 고통을 주며 한 차례 연습을 끝내고 쉬는 것입니다."

큐턴 박사가 로저 버니스터와 알게 된 것은 유럽의 유명한 육상 선수인 러닝의 체력 테스트를 했을 때의 일입니다. 그는 버니스터의 신체가 부분적으로 훌륭하게 발달되어 있다는 것을 알아냈습니다.

예컨대, 그의 심장은 신체의 크기에 비하여 보통 사람의 그것보다도 25퍼센트가 컸던 것입니다. 그러나 버니스터에게는 보통 사람보다도 덜 발달되어 있는 부분도 있었습니다. 버니스터는 큐턴으로부터 신체의 전체적인 발달에 힘쓰라는 충고를 받았습니다. 그는 등산에 의하여 정신을 단련하는 것을 배웠습니다. 등산은 그에게 장해를 극복하는 방법을 가르쳐 주었습니다.

마찬가지로 중요한 것은, 그가 큰 목표를 작은 목표로 나누는 것도 배운 것입니다. 그의 설에 따르면, 1마일을 4분의 1씩 나누어서 달리기보다는, 처음부터 4분의 1마일만 달린다는 마음으로 하는 편이 훨씬 빠르다는 것입니다.

그리하여 그는 1마일을 4분의 1씩 나누어, 그것을 각각 떼어놓고 달리는 훈련을 했습니다.―우선 4분의 1마일을 전력 질주하고, 이어서 트랙을 약간 달리는 듯한 스피드로 일주하여 숨을 돌린다. 그리고 다시 4분의 1마일을 대시한다―고 하는 식입니다.

그는 4분의 1마일을 언제나 58초 이하로 달리는 것을 목표로 하고 있었습니다. 따라서, 1마일은 58초의 4배인 232초, 즉 3분 52초로 달렸다는 셈입니다. 이것은 그에게 있어서 최대한의 속도였습니다. 그는 언제나 한껏 달리고는 속도를 줄여 숨을 돌렸습니다. 그러나 달릴 때마다 최대한의 속도가 조금씩 떨어져 갔습니다. 그리고 어느 레이스에서는 3분 59초 6이나 걸리게 되었습니다.

큐턴 박사는 로저 버니스터에게 이렇게 가르쳐 주었습니다.

"체력은 단련시키면 시킬수록 발달하는 것이다."

그는 지나친 연습이라든가, 연습에 따른 과로라는 것은 다 터무니 없는 것이라고 했습니다.

그러나 그는 휴식도 연습이며 운동과 같이 중요하다고 하는 것도 강조하고 있습니다. 신체는 연습으로 소모되어 버린 것을 전보다 양을 늘여서 회복시킬 필요가 있습니다. 육체나 정신도 휴식하며 숨을 돌리는 동안에 다시 충전되는 것으로 이와 같이 하지 않으면 심한 타격을 받게 되고, 경우에 따라서는 사망하는 경우도 있습니다.

다시 충전할 시기를 알려면

다음은 현재 당신이 필요한 에너지의 양을 결정하는데 도움이 되는 점검표입니다. 다음과 같이 행동하거나 느낌을 가질 때에는, 당신의 충전지에 다시 재충전할 필요가 있습니다.

- 이상하게도 졸립고 피곤하다.
- 두뇌 회전이 잘 안 되는 느낌이 든다. 무뚝뚝하다. 의심스럽다.
- 흥분하기 쉽다. 야박하다. 짓궂다.
- 신경질적이다. 비방하기 쉽다. 히스테릭하다.
- 바보스럽다. 벌벌 떤다. 질투심이 많다.
- 성미가 급하다. 냉혹하다. 지나치게 이기적이다.
- 지나치게 감정적이다. 우울하다. 좌절감을 느끼고 있다.

적극적인 마음가짐은 높은 에너지를 요구한다

피로감에 휩싸이면 적극적이고 바람직한 감정·정서·사상·행동이 일정하여 소극적으로 되기 쉬운 상태입니다. 그리고 몸을 쉬어 회복하면 전과 같이 건강하게 바뀝니다. 잦은 피로는 몸에 대단히 나쁜 영향을 끼칩니다. 그럴 경우 당신의 축전지를 충전시키고, 에너지 양과 적극성의 양이 표준까지 상승한다면, 당신은 매우 좋은 상태가 됩니다. 이 때가 적극적인 마음가짐으로 생각하고 행동할 때입니다.

자신의 감정과 행동에서 뛰어난 자질이 바람직하지 않은 소극적인 자질에 억눌려 있는 것을 알 때가 자신의 축전지에 충전할 때입니다.

물론 육체와 정신의 양쪽 에너지를 모두 건전하게 유지하기 위해서 신체와 정신을 단련시킬 필요가 있습니다. 그러나 여기에는 제3의 요인이 따릅니다. 신체나 정신에도 적당한 양의 영양분을 주지 않으면 안 됩니다. 신체는 건강에 좋은 영양분 있는 음식을 상당량 먹음으로써 유지할 수가 있습니다. 정신적 활력쪽은 격려를 받을 책이나 종교 서적에서 마음의 비타민을 흡수함으로써 유지됩니다.

비타민은 건강한 육체에도 필요하다

인디애나주 하파이에프에 있는 미국 농업연구협회 이사직에 있는 조지 스커세스는 아프리카 해안에 있는 어느 마을에 관해서 이와 같은 말을 했습니다.

"그 마을은 내륙에 있는 같은 종족의 공동 생활체보다 진보하고 있었다. 왜 그런가? 그곳 주민이 내륙 주민보다 육체적으로 강하고, 정신적으로도 민감—육체적인 에너지가 많다—하기 때문이라는 것입니다. 해안 종족과 내륙에서 생활하는 종족 간의 차이는 음식의 차이에 있었습니다. 내륙 지방에서 사는 사람은 단백질을 충분히 취하지 못하고 있음에 비해서, 해안에서 시는 사람은 물고기를 먹어 단백질을 더 섭취하고 있었기 때문입니다."

클라렌스 밀즈는『풍토가 인간을 만든다』고 하는 저서에서 미국 정부의 조사에 따라 파나마 해협의 주민 가운데 정신적 활동과 육체적 활동이 비정상적으로 둔한 사람이 있다는 것을 알았다고 쓰고 있습니다. 과학적으로 조사한 바로는, 그들이 주식으로 하고 있는 식물과 동물성 음식에는 비타민 B가 없다는 것이 밝혀졌습니다.

그리하여 그들의 음식에 비타민 B를 첨가하자, 그들은 사람이 달라진 듯이 정력적이고 활동적으로 되었습니다.

음식에 어떤 종류의 비타민과 영양분이 부족하기 때문에 에너지 양이 낮은 것 같다면, 무엇인가 방법을 찾아야 합니다. 좋은 요리책도 도움이 될 것입니다. 좀체로 잘 안 될 때에는 건강 진단을 받도록 하십시요.

잠재의식의 충전

잠재의식이 신체와 같은 점은 정신적인 비타민을 힘 들이지 않고 섭취·흡수할 수 있다는 점이며, 신체와 다른 점은 그것을 얼마든지 소화하고 흡수할 수 있다는 것입니다. 잠재의식은 위 속으로 들어가지 않게 되는 법은 없습니다. 먹은 것만큼, 때로는 그 이상의 것을 섭취·흡수할 수가 있습니다.

그러면 그와 같은 정신적 비타민은 어디에 있는 것일까요? 그것은 이 책에서 자주 소개하고 있는 내용의 전부입니다.

예컨대 잠재의식이라고 하는 것은 축전지와 같은 것입니다. 이 축전지에서 이따금 육체적인 활력으로 변화하는 대량의 정신적 에너지를 얻을 수가 있습니다. 이 에너지의 충격도 불필요한 소극적 감정에 의하여 중단을 일으키거나 하면 쓸모없게 될 것입니다. 그러나 건설적으로 쓴다면, 그 에너지는 발전소의 발전기가 막대한 양의 유효한 전력을 생산하듯이 스스로 몇 배로 증대합니다.

윌리엄 C 렌겔은 〈삭세스 안리미테드〉 지에 기고한 논문 속에서 그것을 교묘하게 설명하고 있습니다. 그는 포세트 출판의 크레스토 북스와 프레미아 북스의 편집 책임자로 불필요한 '괴로움 · 미움 · 공포 · 의심 · 분노 · 복수심' 때문에 에너지가 상실되는 문제에 관해서 쓰고 있습니다. 그리고 이와 같이 말하고 있습니다.

'이러한 비건설적인 요소도 모두 용이하게 힘을 낳는 요소로 바꿀 수 있는 것이다.'

골프 챔피언이었던 토미 볼트는 자신의 에너지를 헛되이 낭비하고 있었습니다. 볼이 빗나가거나 그린에서 벗어나기라도 하면 발끈해서는 무슨 일을 저지를지 모를 정도였습니다. 화가 나면 흔히 골프채로 주변의 나무를 후려 갈기기도 했으니까요.

그런데 그는 성 프란시스의 유명한 기도서를 읽고, 그것이 그를 일변시켜서 가장 유익한 방면으로 에너지를 이용하게 되었습니다.

그 기도는 토미의 마음에 새로운 안정감을 주어 그 이후 그는 기도서의 내용 일부를 적은 카드를 주머니에 넣어 가지고 다닐 정도였습니다. 카드에 적혀 있는 기도문은 이러합니다.

'신이여, 바꿀 수 없는 것을 받아들이는 평정성과 바꿀 수 있는 것을 바꾸는 용기와 그 차이를 분별하는 지혜를 주소서!'

돈 프레이저는 어떻게 해서 기록을 깼는가

인간은 의식의 작용과 외부의 힘에 의하여 감정을 억제하지 않을 수 없다고 하기 보다는 내부의 힘으로 자발적으로 그렇게 할 수가 있는 동물입니다.

인간은 혼자서 감정적 반응의 버릇을 얼마든지 바꿀 수가 있는 존재입니다. 예의를 알고 교양을 쌓을수록 정서나 감정을 억제하는 방법을 체득합니다.

예컨대 공포는 상황에 따라서 좋은 작용을 하기도 합니다. 물에 대한 공포가 없다면 오히려 빠져 죽는 어린이가 많아질 것입니다. 그러나 여러 가지로 그릇된 감정을 작용시켜서 정신적 에너지를 낭비하고 있는 경우도 많은 듯합니다. 만일 그렇다면, 정신적 에너지를 유익한 방향으로 향하게 할 수가 있습니다.

그러기 위해서는 어떻게 하면 좋을까요? 바라는 것은 마음에 간직하고 바라지 않는 것은 잊도록 하는 것입니다. 감정은 곧 행동으로 끌리고 맙니다. 그러므로 행동으로 옮기십시요. 소극적인 감정을 적극적인 감정으로 바꾸어 버리는 것입니다. 예컨대 무서움으로 용기를 가져야 한다면 용기있는 행동을 취하십시요.

정력적이고 싶다고 생각한다면, 정력적으로 행동하십시요. 그러나 말할 것도 없이 당신의 에너지가 유익한 목적으로 사용되고 있는가를 확인해야만 합니다.

오스트레일리아의 돈 프레이저가 좋은 본보기입니다. 돈 프레이저는 시드니 교외의 해안 도시 바르메인에서 태어났습니다만, 태어날 때부터 빈혈 증세가 있었습니다. 그러나 그녀는 수영의 위대한 챔피언이 되겠다고 하는 결심을 했습니다. 그리고 세계에서 가장 빨리 수영할 수 있는 여성이 되었던 것입니다. 그녀는 나쁜 상태는 아니었으나 그렇다고 스스로 만족할 수 있을 만큼 좋은 상태도 아니었습니다.

커디프 영연방 수영 경기대회에서 돌아오는 비행기 속에서 그녀는 한 권의 책을 읽었습니다. 그 책은 『생각하라, 그러면 부자가 될 수 있다』였습니다.

"나는 나폴레온 힐이 책의 공저자의 성공법을 알고, 대단한 용기를 얻었습니다."

하고 그녀는 말했습니다.

"나는 자유형에서 60.6초로 메들리 릴레이에서 영국 팀에게 진 것을 생각해 보았습니다. 나의 기록은 내가 세운 세계 기록을 10분의 6초 웃돌고 있었으나, 12야드의 거리를 따라갈 수 없었습니다."

"마지막 랩에서 전력을 기울이지 못한 것일까요?."

돈 프레이저는 오랜 동안 품어오던 꿈, 백 미터를 60초 이하로 헤엄칠 수 있는 최초의 여성이 되는 것의 일을 생각하기 시작했습니다. 그녀는 그 60초를 '매직 미니트'라고 부르고 있었습니다.

그녀는,

"마지막 랩을 매직 미니트로 헤엄칠 수 있다면, 이길 수 있을지도 몰라."

하고 생각했습니다.

"그 순간부터 1분의 벽을 깬다는 오랜 동안의 희망이 강한 열망으로 바뀌었습니다. 그것을 큰 열의로 바꾸어 마의 벽을 목표로 적극적인 행동 계획을 세웠습니다. 힐의 충고에 힘입어 정신적으로나 육체적으로 새로운 길을 가기로 결심했습니다."

프레이저는 지금 육체의 단련에 더하여 마음의 컨디션 조절도 하고 있습니다. 이 원고를 쓰고 있는 지금까지도 그녀는 아직 '매직 미니트'를 달성하지 못하고 있으나 기록은 속속 깨고 있습니다.

오스트레일리아의 신문 기자 토머스 와인가드에 따르면, 오스트레일리아의 육상 경기 코치도 나폴레온 힐의 교훈에 관심을 가지게 되었다고 합니다.

당신에게는 자신의 축전지에 다시 충전할 여백은 있습니까? 이 책에 소개되어 있는 원리의 응용을 이미 시작하고 있습니까? 챔피언이 될 준비가 되어 있습니까? 만일 그렇다고 한다면, 다음 장의 주제인 '어떻게 하면 건강을 유지하고, 오래 살 수 있는가' 하는 것을 알고 싶어질 것입니다.

〈지침 14〉 당신이 간직해야 할 생각

1. 지금의 당신의 에너지 양은 어느 정도인가?
2. 육체적 · 정신적 에너지의 가장 중요한 근원은 무엇인가?
3. 토머스 커크 큐턴이 로저 버니스터에게 가르친 원리를 어떻게 응용하면, 당신 자신의 목표를 달성할 수 있을 것인가?
4. 당신은 체력의 한계까지 단련하는—휴식하고, 그리고 또 체력의 한계까지 단련하는—일을 실천하고 있는가?
5. 당신에게는 자신의 축전지에 다시 충전할 여백이 있는가?
6. 어떻게 하면 과로를 피할 수가 있는가?
7. 당신의 식사는 영양의 균형을 취하고 있는가?

8. 당신은 틈틈이 힘을 북돋아 줄 책을 읽어 정신적 영양을 섭취하고 있는가?

9. 당신의 에너지는 유익한 방면으로 사용되고 있는가? 혹은 단속적인 사용에 의하여 헛되이 버려지고 있는 것은 아닌가?

10. "신이여, 바꿀 수 없는 것을 받아들이는 평정성과 바꿀 수 있는 것을 바꿀 용기와, 그 차이를 분별하는 지혜를 주소서!"

11. 공포감은 어떤 경우에 좋고 어떤 경우에는 좋지 않는가?

12. 정력적으로 되기 위해서는 정력적으로 행동하라.

제2장

당신은 건강하게 장수할 수 있다

적극적 마음가짐은 어떻게 도움이 되는가

적극적인 마음가짐은 정신과 육체의 건강을 유지하고 장수하는데 도움이 될 것입니다. 그러나 소극적 마음가짐은 똑같은 확실성으로 정신과 육체의 건강을 침식하고 수명을 단축시킬 것입니다.

이것은 부적의 패가 어느 쪽인가로 결정되느냐에 달려 있습니다. 적절하게 사용된 적극적인 마음가짐은 많은 사람의 생명을 살립니다. 주위 사람이 강한 적극적인 마음가짐을 취했기 때문에 어느 한 사람이 생명을 건지는 경우가 있습니다.

다음의 이야기가 그것을 잘 증명하고 있습니다.

태어나서 이틀밖에 안 되는 아기가 의사로부터 "이 아이는 살 수 없다"라는 말을 들은 아버지는 단호한 어조로 "아니오. 이 아이는 살 수 있습니다" 하고 응수하였습니다.

아버지는 적극적인 마음가짐을 가지고 있었기 때문입니다, 기도의 기적도 믿었고 행동도 믿었습니다.

그리고 그는 곧바로 행동으로 옮겼습니다. 아기에게 자기와 같은 적극적인 마음가짐을 가진 소아과 의사의 치료를 받게 했습니다. 그 결과 아기는 살았습니다.

'나는 더 살 수 없다!'

'죽음이 하루도 두 사람을 떼어놓지 못했다.'

언젠가 있었던 「시카고 데일리 뉴스」 기사의 제목입니다. 이 기사는 어떤 63세의 건축기사와 그의 아내의 죽음을 전하고 있었습니다. 그는 귀가하자 가슴이 답답하고 호흡이 곤란하다고 호소하며 자리에 누웠습니다. 그보다 열 살 아래인 아내는 깜짝 놀라서 조금이라도 혈액 순환을 잘 되게 하려고 남편의 팔을 주물렀습니다. 하지만 그는 끝내 죽고 말았습니다. 그녀는 곁에 있던 어머니에게 말했습니다.

"아아, 저이 없이 나는 더 살아갈 수 없습니다."

그리고는 얼마 후에 세상을 떠났습니다.

살아난 아기와 죽은 미망인은 적극적인 마음가짐과 소극적인 마음가짐의 강함을 나타내고 있습니다. 적극적인 마음가짐이 강해지면 좋은 일을 끌어당기고, 소극적인 마음가짐이 강해지면 나쁜 일을 낳게 한다고 하는 것을 알고 있는 한 우리가 적극적인 생각이나 태도를 취하려고 하는 것은 당연한 것입니다.

라파엘 코레아는 20세가 되었습니다. 그의 집은 부자는 아니었으나, 주면 사람들로부터 매우 존경을 받고 있었습니다. 그러므로 여섯 명이나 되는 의사와 한 사람의 젊은 인턴이 라파엘의 생명을 구하려고, 푸

에토리코의 샹듀앙에 있는 작은 수술실에서 밤을 새우며 악전고투하고 있었습니다.

12시간이나 쉬지 못하고 수술을 계속하고 있었으므로 그들은 피로와 수면 부족에 지쳐 있었습니다. 그러나 그들이 노력한 보람도 없이 라파엘의 심장 고동은 마침내 들리지 않게 되었습니다.

외과 주임 의사는 메스를 잡자, 라파엘의 손목 혈관을 잘랐습니다. 거기서 노란 액체가 나왔습니다. 그 외과 의사는 마취를 사용하지 않았습니다. 그 젊은이의 몸이 고통을 느끼지 않을 정도로 쇠약해져 있었기 때문입니다. 의사들은 자기들이 지껄이고 있는 말이 젊은이에게 들리지 않을 것이라고 생각하고 마치 그가 죽었다는 투로 이야기했습니다.

한 사람이 입을 열었습니다.

"기적이라도 일어나지 않는 한 살 가망은 없어."

외과 주임 의사는 수술복을 벗고 수술실에서 나가려고 했습니다.

"제가 곁에 있을까요?"

하고 젊은 인턴이 말하자,

"그래 주게나!"

하고 말했습니다. 다른 의사들은 수술실에서 나가 버렸습니다.

어떤 책에 이와 같이 씌어져 있었습니다.

'우리에게 실망은 없다. 보이는 것을 보지 않고 보이지 않는 것을 보기 때문이다. 보이는 것은 일시적인 것이고 보이지 않는 것은 영원하다.'

그들은 육체를 보았으나, 라파엘은 육체를 가진 정신입니다. 보이지 않는 라파엘 코레아의 마음에는 무슨 일이 일어나고 있었을까요?

삶과 죽음의 고비를 넘나드는 그는 몸을 움직일 수는 없었습니다. 그러나 책을 읽고 잠재의식에 심어 놓은 적극적인 마음가짐에 의하여 그의 마음은 신과 통하게 되었습니다. 신과 함께 있는 듯한 느낌이 들었던 것입니다.

그는 친구에게 이야기하듯 신에게 말을 걸었습니다.

"당신은 저를 알고 계십니다. 당신은 저의 마음에 계십니다. 당신은 저의 피입니다. 생명입니다. 모든 것입니다. 이 우주에는 하나의 마음, 하나의 원리, 하나의 실체밖에 없습니다. 그리고 저는 다른 모든 것과 같은 존재입니다. 저는 죽어도 아무것도 잃지 않습니다. 모양이 변할 뿐이지요. 그러나 저는 아직 스무 살입니다. 하느님, 저는 죽음을 두려워하진 않습니다. 그러나 살고 싶어요. 지금 제게 생명을 돌려주신다면, 당신의 자비에 보답해 더욱 올바르게 생활을 하고, 남을 위해서 힘쓸 생각입니다."

라파엘의 얼굴을 들여다 보던 인턴은 죽은 환자의 눈꺼풀이 파르르 떨리고 왼쪽 눈에서 눈물이 흘러내리려고 있는 라파엘을 보았습니다.

"선생님! 선생님! 빨리 와 보세요! 살아있는 것 같아요."

하고 그는 흥분하여 소리쳤습니다.

이전의 체력을 회복하기까지는 1년 이상 걸렸지만, 라파엘 코레아는 살아날 수가 있었던 것입니다.

우리가 상듀앙으로 갔을 때, 라파엘은 그를 밤새 수술해준 외과 주임 의사를 소개해 주었습니다. 우연히 이야기가 그를 그와 같이 만들어 준 책에 미치자, 라파엘은 다음과 같이 말했습니다.

"저는 여러 가지 책을 읽었습니다만, 그날 밤, 저의 마음을 지배하고 있던 생각은 메리 베이컨 어디가 쓴 『성서를 중심으로 한 과학과 건강』이란 책에서 생각해 낸 것입니다."

라파엘의 예에 의해서도 알 수 있듯이 격려가 되는 책은 생애를 바꾸는데 크게 공헌을 하고 있습니다. 그러나 인간에게 격려를 주거나 동기를 만들어 주는 책으로 성서를 능가하는 책은 없습니다. 성서만큼 사람의 일생을 변하게 하는 책은 달리 없습니다.

성서는 인간의 육체와 정신 건강, 도덕적 건강을 낳는데 있어서 헤아릴 수 없을 만큼 도움이 됩니다. 성서를 읽는 것은 거기에 들어있는 진리를 보다 깊이 이해시키고, 교회에 나가게 하는 계기를 만듭니다. 동시에 사람들로 하여금 적극적인 행동을 촉진시킵니다.

정신 건강이나 동료의 존경을 돈으로 살 수 있는가

존 D 록펠러는 사업에서 손을 떼자 건강한 몸을 만들고 건강한 정신을 유지하고 장수하여 친구들로부터 존경을 받는 것을 큰 목표로 삼았습니다. 이러한 것들은 돈으로 살 수 있었을까요? 살 수 있었습니다.

록펠러는 이렇게 하였습니다.

– 매주 일요일에 뱁티스트 교회에 참석하여 거기서 배운, 매일 응용할 수 있는 원리를 기록했다.

– 매일 밤 8시간 자고, 매일 낮잠을 잤다.

– 매일 목욕을 하던가, 샤워를 했다.

– 건강에 알맞는 기후를 가진 플로리다로 이사했다.

– 조화있는 생활을 했다.

– 천천히 느긋한 기분으로 식사를 하고, 어떤 것이든 잘 씹어 먹었다.

– 정신적 비타민을 흡수했다.

– 건강과 행복, 그리고 생의 보람을 유지하기 위해 해밀턴 프리스코

비거 박사를 주치의로 삼았다.

- 후손에게까지 미칠 동료의 원한을 사지 않았다.

당신은 적극적인 마음가짐이 완전하게 건강에 도움이 되는 것을 알 때까지는 재산을 모아 보았자 필요없습니다. 적극적인 마음가짐과 더불어 함께 사용해야 할 요소가 바로 건강 교육인 것입니다.

무지의 대가는 과음·질병·죽음이다

당신은 위생학에 관해서 무엇을 알고 있습니까? 위생학을 정의하면 '건강 증진을 목적으로 만들어진 원리와 법칙의 체계'라고 하는 것입니다. 사회 위생학의 경우는 육체적 접촉에 의한 전염병이 대상입니다. 어쨌든 육체와 정신, 위생학과 사회 위생학을 모르면 잘못을 저지르거나 질병에 걸려 죽기 쉽습니다.

그러나 알콜 중독의 치료는 위생학을 배우는 것만으로는 되지 않습니다. 미국에서 알콜 중독이 보건 문제 가운데 네 번째로 큰 문제가 되고 있습니다. 알콜 중독은 정신적인 병 다음으로 많아졌으며, 정신적인 병을 낳는 큰 원인의 하나이기도 합니다.

산업계에서는 알콜 중독으로 인하여 연간 10억 달러 이상의 돈을 잃고 있습니다. 그러나 금전적인 손실 등은 알콜 중독에 의하여 육체적 건강이나 정신적 건강을 해치거나 생명을 잃게 하는 것에 비하면 보잘 것 없는 것입니다.

알콜 중독자는 술병에 손을 내밀 때부터 이미 정신적인 병이 일어나는 것입니다. 술병에 손을 뻗치는 습관이 처음부터 아예 없었다면 알콜 중독될 일은 없습니다. 이런 사람들은 술을 마시고 기분이 좋아지면 과음을 하게 됩니다. 과음을 하게 되면 점점 더 술이 지닌 강한 유혹을 뿌리치지 못하고 그대로 술의 노예로 전락합니다. 이것이 거듭되면 마침내 알콜 중독은 절대로 고칠 수 없다고 스스로 단념해 버리기 일수입니다.

과음은 알콜 중독의 지름길이다

뇌가 기록 장치 등의 과학기구를 이용하여 조사하면 알 수 있듯이, 알콜이 뇌파를 바꾼다는 것이 일반적 견해입니다. 알콜은 신경세포의 신진대사에 강하게 작용하여 리듬이 늦어지게 하거나 때로는 강하게 억제하여 의식까지 바꾸기도 합니다.

인간의 신체는 잠재의식이 작용하고 있는 동안은 살아있습니다. 의식이 작용하지 않게 되어도 장시간 살아있을 수 있습니다. 의식에는 여러 가지 단계가 있는 것입니다.

제정신이라고 하는 의식과 잠재의식의 작용이 적당한 밸런스를 유지하고 있어서 마음이 건강한 상태에 있는 것입니다. 그 경우, 의식과 함께 잠재의식이 서로 작용하여도 각각 별개의 의무와 금지 요인을 가지고 있습니다. 때로는 하고 싶은 데도 금지되고 있는 것을 허락하는 것이 건강에 좋고 유익할 수도 있지만, 판단과 행동은 밸런스가 취하여진 의식과 잠재의식의 작용의 결과이어야 합니다.

의식이 작용하기 시작하면, 그 힘이 잠재의식을 조정하는 조정기의 역할을 합니다. 이 조정기의 작용이 둔해질 때 뒤틀리고, 인간은 제멋대로의 행동을 취하게 됩니다. 제멋대로의 행동에는 단순히 어리석은 행동으로부터 정신병의 이름으로 알려진 정신분열 상태까지 됩니다.

알콜이 뇌세포에 작용하여 간섭과 금지의 벽이 허물어져서 의식의 억제력이 저하될 뿐만 아니라, 정서·정열 등의 잠재의식은 지성이란 평형기로 적당한 조정을 할 수 없으므로 끝내는 엉뚱한 짓을 하게 되거나 바람직하지 못한 행동을 하게 됩니다.

그렇다면, 치료법은 있을까요? 네, 분명 있습니다.

적극적인 마음가짐으로 금주를 하면 됩니다. 전에 실패를 경험했거나 남이 실패했을 때의 일을 여러분의 잠재의식 속에 기억하고 있기 때문입니다. 성공한 경험을 생각해 낼 수 있는 마음을 불러일으키고 희망을 가져야 합니다. 걸음마를 배우고 있는 아기가 세 걸음 걷다가 쓰러졌다고 해서 그 일을 포기하지는 않습니다. 아기는 의식적인 노력에 따라서 진보하는 것입니다.

알콜 중독자를 구해 주는 곳은 많이 있습니다. 그러나 자기 자신을 이겨내지 않으면 안 됩니다. 일반적으로 스스로의 힘으로 자신이 억제할 수 있을 때까지는 어떻든 조언을 해주고 지원해 주는 사람의 영향 밑에 놓아 둘 필요가 있습니다.

혹은 적극적인 마음가짐이 소극적인 마음으로 되돌아가지 않을 정도로 강하게 될 때까지 그렇게 할 필요가 있습니다. 적극적인 마음가짐은 알콜 중독자에 대해서 기적을 행할 수가 있습니다. 당신에 대해서 건강과 장수를 가져다 준다는 점에서 적극적인 마음가짐은 기적적인 작용을 할 것입니다.

건강에 대한 불안감은 자신도 모르는 사이에 적극적인 마음가짐을 해칠 염려가 있습니다. 조금이라도 아프거나 괴롭거나 하면 신경을 쓰기 때문입니다. 불안한 상태가 길어지면 길어질수록 태도는 차츰 적극적인 태도에서 소극적인 태도로 변해 갑니다.

그리고 신경을 쓰던 증세가 실제로 주의를 요하는 상태를 나타내고 있을 경우에, 언제까지나 불안감을 가지고 아무 일도 안 하고 있으면 그 상태가 더욱 악화될 뿐입니다. 자신의 건강에 대하여 불안해 하고 걱정하는 것만으로는 어떠한 해답도 구할 수 없습니다. 바로 행동으로 옮기십시오.

병의 치료는 마음에서부터

그는 젊고 활동적이며, 우수한 자동차 세일즈 매니저였습니다. 앞으로의 장래도 양양하였으나 그 자신은 몹시 병약했습니다. 이미 진지하게 죽음을 각오하고 있었습니다. 그는 묘지를 사들이고 장례식 절차 일체를 준비하고 있을 정도였습니다. 그의 병세는 이러했습니다.

그는 이따금 숨이 찼습니다. 심장의 고동이 빨라지고 목이 메었습니다. 그럴 때마다 그는 내과와 외과에서 매우 이름이 알려져 있는 의사를 찾아갔습니다. 의사는 휴가를 얻어 즐거운 생활을 하라고 권하면서 그가 자랑하고 있던 자동차 판매라고 하는 스릴있는 장사에서 손을 떼라는 것이었습니다.

이 세일즈 매니저는 얼마 동안 집에 있으면서 몸을 쉬었으나 불안은 사라지지 않고 마음이 가라앉지 않았습니다. 여전히 숨찬 증세가 계속되었습니다. 그때마다 심계항진心悸亢進이 일어나고 목이 메었습니다. 의사는 여름이 되면 콜로라도로 휴가를 갈 것을 권했습니다.

그는 특등 침대차의 개인용 칸에 타고 출발했습니다. 그러나 기후와 풍광이 좋은 콜로라도에서도 그 불안감을 해소하지는 못했습니다. 그 때문에 그는 이따금 숨이 차고 심계항진이나 목이 막히는 느낌에서 벗어날 수 없었습니다. 결국 일주일도 채 못 되어서 다시 집으로 돌아오고 말았습니다. 그는 자신이 죽을 때가 다가왔다고 믿고 있었던 것입니다.

어느 날 그가 읽고 있는 책에 '병은 마음에서'라는 것과 함께 미네소타 주 로체스터의 메요 브라더즈와 같은 병원으로 속히 가보라는 내용이 있었습니다. 그는 곧바로 친척에게 차를 운전하게 하여 로체스터로 갔습니다. 그는 자기가 도중에서 죽는 것이나 아닐까 하는 불안한 생각에 떨고 있었습니다.

로체스터의 메요 브라더즈 병원의 의사는 진찰이 끝내자 웃으면서 말했습니다.

"당신의 몸이 나쁜 것은 산소를 너무 많이 마시기 때문입니다."

"자, 줄넘기라도 하듯이 50번 정도 깡충깡충 뛰어보십시오."

그는 의사 말 대로 뛰었습니다. 다 뛰고나자 숨이 가빠지면서 목이 메었습니다.

"그런 다음 어떻게 합니까?"

"숨을 종이 주머니에 쏟든가, 잠깐 동안 숨을 멈추든가 하십시오."

하고는 종이 주머니를 그에게 내주었습니다.

의사의 말대로 하자 심계항진이 멈추고 호흡이 정상으로 되돌아오더니 목도 편안해졌습니다.

그 후부터 그는 병의 징후가 나타나면 잠시 동안 호흡을 멈추었습니다. 그랬어도 신체적으로 별다른 이상이 없었습니다. 몇 달 뒤 그는 불안감이 사라지고 증세도 나타나지 않았습니다.

물론 모든 병이 이처럼 치료되는 것은 아닙니다. 때로는 구해 줄 길을 발견하기까지 온 재산을 써버리지 않으면 안 될 때도 있습니다. 그러나 끈기있게 적극적인 마음가짐으로써 계속 찾아 볼 일입니다. 그와 같은 결의와 밝은 전망을 잃지 않는다면, 반드시 뜻이 이루어질 것입니다. 같은 경험을 한 세일즈 매니저가 또한 사람 있습니다.

반드시 있는 치료법을 발견하라

그 세일즈 매니저는 어느 작은 도시 호텔에 머물게 되어 그의 방으로 들어가다가 넘어져 발이 부러졌습니다. 호텔 지배인은 곧 가까운 병원으로 그를 데리고 갔습니다. 외과 의사가 그의 다리를 곧 치료해 주었습니다. 그리고 며칠이 지나면 움직여도 걱정 없다고 하여 집으로 돌아왔습니다.

귀가 후 몇 주일 동안은 담당 의사의 치료를 받아서 완쾌되어 가는 것 같았습니다. 그러나 증세가 좋아지는 것은 외관뿐이었고, 골절이 낫지 않았던 것이었습니다. 다시 병원을 찾자, 담당 의사는 그에게 병세가 악화되어 절름발이가 될지도 모르겠다고 충고했습니다. 그의 직업은 걷는 것이 필수적이어서 큰 일이었습니다.

이에 놀란 그는,

"그런 말을 믿어서는 안 됩니다. 치료법은 반드시 있습니다. 그것을 발견해야 합니다. 속을 태울 것 없어요. 자, 행동으로 옮기십시오."

하고는 그 책의 저자와도 이 문제를 의논해 보았습니다. 그리고 예의 자동차 세일즈 매니저 이야기를 듣고, 메요 브라더즈 병원으로 가 보라는 권고까지 받았습니다.

그도 역시 그 병원을 나올 때에는 홀가분한 기분이었습니다. 어째서 그랬던 것일까요?

"현재 당신의 몸에는 칼슘이 부족합니다. 칼슘을 채워 넣을 수는 있지만, 조금씩 줄어들게 됩니다. 그보다도 하루에 우유를 1리터쯤 마시도록 하십시요."

하는 말을 들었기 때문입니다.

그는 그 말대로 실행했습니다. 이윽고 그의 부러진 다리는 부러지지 않은 다리와 같을 정도로 회복되었습니다.

건강에 응용되는 적극적인 마음가짐은 사고의 가능성도 고려에 넣습니다. 안전제일이라고 하는 것은 참으로 적극적 마음의 상징입니다. 당신은 이 적극적인 마음의 상징으로부터 자신의 생명·재산을 구하기 위해서 조심하게 되고, 살고 싶다고 하는 욕망을 강화시켜 주는 것입니다.

무모한 운전은 하지 않겠다는 맹세를 하라

어떤 신문에 '장례식을 서두른 6명, 시속 170km의 폭주로 죽다'라는 비극적인 기사가 실려 있었습니다.

육체적으로나 정신적으로 장수하고 싶다면, 자동차를 운전할 때 항상 조심하면서 천천히 하는 것이 좋습니다. 남에게 운전을 맡기고 있을 때에는 그 사람이 육체적·정신적 결함이나 차의 상태에 당신의 생명이 좌우된다는 것을 잊어서는 안 됩니다. 운전사가 술 취해 있거나 브레이크가 뜻대로 듣지 않는 경우에는 비록 차는 자기의 것일지라도 함께 타는 것을 거절할 용기를 가지십시요. 자기의 생명을 구하는 일이 될지도 모릅니다.

종교와 정신병학

　육체와 정신의 건강과 장수에 대한 법칙이나 규정은 병리학·심리학·정신병학이라고 하는 말로 흔히 사용되기 전까지는 이 모든 것이 종교 안에 포함되어 있었습니다.

　특히 잠재의식에 영향을 주는 문제는 그 경향이 강했던 것입니다. 그러므로 정신 병원과 카운셀링이 교파와 관계없이 교회 조직에 불가결한 것이었음은 당연한 일입니다.

앞서 있는 뚜렷한 목표

　정신과 육체의 건강은 적극적인 마음의 두 가지 큰 보수입니다. 확실히 적극적인 마음가짐은 이 두 가지 건강을 얻고 유지해 가기 위해 힘쓰고 수고하고 실천합니다.

　그러나 뚜렷한 목적, 명확한 생각, 창조적인 비전, 과감한 행동, 사실의 인식 등 열의와 신념을 수반하는 것은 모두 적극적인 마음가짐을 유지하는 데 크게 도움이 될 것입니다. 뚜렷한 목표로 전진할 때 앞에 나타나는 것은 행복입니다.

　현재 당신이 행복하다면, 이 멋진 행복을 유지하고 나아가 그것을 더욱 풍부하게 하려고 생각할 것입니다. 당신이 현재 행복하지 않다면, 어떻게 하면 행복하게 되는지 배우고 싶어할 것입니다.

'당신은 행복을 끌어당기는가!'라고 제목을 단 제3장을 읽고, 적극적인 마음가짐에 의한 새로운 성공 원리를 발견하여 행복 추구의 속도를 빠르게 합시다.

〈지침 15〉 당신이 간직해야 할 생각

1. 당신은 완전한 건강을 얻을 수가 있다. 적극적인 마음가짐은 당신의 건강에 영향을 끼치고 당신에게 좋은 건강을 가져다 주며, 소극적인 마음가짐은 나쁜 건강을 가져다 준다.

2. 적극적인 생각이나 밝은 생각 등의 좋은 생각을 가지면 기분도 좋아진다. 당신의 정신에 영향을 끼치는 것은 신체에까지 그 영향이 미친다.

3. 당신이 사랑하는 사람에게 향하는 적극적인 마음은 그 사람의 생명을 구할 수도 있다. 어린 아들의 생명을 구한 아버지의 일을 생각해 보기 바란다.

4. 성서 등 격려가 될 수 있는 책을 읽어라. 이들 책은 격려도 해주고, 어떻게 하면 적극적이고 바람직한 활동을 할 마음이 되는가 하는 것도 가르쳐 주므로 당신이 지향하는 목표 달성에 도움이 될 것이다.

5. 희망을 버려서는 안 된다—어떠한 질병에도 불구하고 치료법은 있는 것이므로, 적극적인 마음가짐을 살려서 적시에 진찰을 받도록 하고, 자기의 건강을 너무 염려하지 말아야 한다.

6. 건전한 정신과 육체는 적극적인 마음가짐을 얻을 수가 있다. 당신은 건강을 유지하고 장수할 것을 잊지 말아야 한다.

제3장

행복을 끌어당기고 있는가

당신은 행복을 끌어당길 수 있는가

"행복은 마음먹기에 달려 있습니다."

에이브럼 링컨이 한 말입니다.

개인의 차이는 미미한 것이지만, 그 얼마 안 되는 차이가 큰 차이를 가져다 줍니다. 얼마 안 되는 차이라고 하는 것은 태도에 있습니다. 큰 차이는 적극적인가, 소극적인가의 차이입니다.

'나는 행복해지고 싶어요. 그러나 당신을 행복하게 해주기 전에 나는 행복하게 되지는 않아요!'로 시작되는 유행가는 대체로 진실을 말하고 있습니다.

자기의 행복을 발견하기 위한 가장 확실 방법은 다른 누군가를 행복하게 해주기 위한 에너지를 소비하는 일입니다. 행복은 잡을 수가 없는 덧없는 것입니다. 잡으려고 하여도 막연하여 잡을 수가 없습니다. 그러나 다른 누군가를 행복하게 해주려고 하면 행복은 당신에게 찾아올 것입니다.

오클라호마 시티 대학 종교학부의 교수 부인이자 작가인 클레어 존스는 젊은날에 경험한 행복에 관하여 다음과 말하고 있습니다.

"우리는 결혼하고 2년 정도 어느 작은 도시에서 살았습니다. 바로 이웃 사람은 나이가 든 노부부로, 부인은 장님에 가까워서 휠체어에 의지하고 살았습니다. 남편도 그리 건강한 편은 아니었지만, 집안 일과 아내를 돌보며 살아가고 있었습니다. 크리스마스 며칠 전, 남편과 내가 크리스마스 트리를 장식하고 있을 때 우연한 일로 이웃집 노부부에게도 크리스마스 장식을 해드리자고 마음먹게 되었습니다. 우리는 작은 크리스마스 트리를 사다가 금술과 꼬마 전구와 작은 선물 꾸러미를 장식하여 크리스마스 이브에 노부부에게 전해 주었습니다. 부인은 반짝반짝 빛나는 꼬마 전구를 잘 보이지도 않는 눈으로 물끄러미 바라다 보면서 울었습니다. 남편은 '크리스마스 트리를 장식한 건 몇 해만입니다.'하고 되뇌이는 것이었습니다. 다시 새해로 접어들어서 우리가 방문하면 두 사람은 예외없이 지난 해에 선물한 크리스마스 트리 이야기를 했습니다. 그런데 다음 해 크리스마스에는 두 사람은 이미 그 작은 집에 없었습니다. 우리가 두 노부부에게 해드린 일은 아주 사소한 것이었지만, 우리는 행복했습니다."

그들이 친절한 결과로서 경험한 행복은 추억으로 남을수록 깊고 따뜻한 감정이었습니다. 그것은 친절한 일을 하는 사람들에게만 찾아오는 매우 특수한 행복입니다. 하지만 극히 흔해 빠진 행복은 만족스런 상태, 즉 행복하지도 불행하지도 않은 상태에 가까운 것입니다. 행복하다고 하는 적극적인 의식이 불행하지 않다고 하는 평온한 의식과 결부되어 있을 때 당신은 행복하다고 할 수 있습니다.

당신은 행복하게도 될 수 있고, 만족도 얻을 수 있고, 불행하게도 될 수도 있습니다. 그 선택은 당신 자신에게 달려 있습니다. 결정 요인은 당신이 적극적인 마음의 영향하에 있는가, 소극적인 마음의 영향하에 있는가 하는 것입니다. 이것은 당신이 어떻게 할 것이냐에 따라서 결정될 수 있는 신념입니다.

핸디캡은 결코 장해물이 아니다

태어날 때부터 자기는 불행하다고 생각한 사람이 있다고 한다면, 헬렌 켈러가 그런 사람이었습니다. 그녀는 태어나면서부터 말을 하지 못했으며, 듣지도 못했으며, 눈도 보이지 않았으므로, 주위 사람들과의 통상적인 의사 소통에 의하여 지식을 얻을 수는 없었지만, 촉각을 유일한 의지로 하여 남들과 마음으로 서로 통하고 사랑하고 사랑받는 행복을 맛보았습니다.

헬렌 켈러 자신의 노력도 있었지만, 사랑의 손을 뻗어준 헌신적인 훌륭한 선생의 도움을 받아서 말도 못하고, 듣지도 못하며, 보지도 못하는 이 소녀는 재기가 넘치고 밝고 행복한 여성이 되었던 것입니다.

헬렌 켈러는 이렇게 말했습니다.

"선의에서 충고를 주거나, 미소로 격려를 하거나, 힘든 길을 무난히 극복해 온 사람이 느끼는 기쁨은 자기의 분신처럼 가까운 것이고, 그것에 의하여 살고 있다는 것을 알고 있습니다. 지난날의 어찌할 수 없는 것이라고 여겨진 장해를 이겨내고, 성공의 한계를 더욱 높은 곳에 두게 하는 기쁨—이것에 비할 만한 기쁨이 달리 있을까요. 행복을 추구하는 사람은 이제까지 경험한 기쁨이 발밑의 풀이나 아침의 나팔꽃에 매달린 반짝반짝 빛나는 이슬과 같이 수 없이 많다는 것을 알 수 있을 것입니다.”

헬렌 켈러는 주어진 신의 은총을 생각하고 진심으로 감사했습니다. 그리고 신의 은총이 내린 기적을 사람들과 나누며 기쁨을 맛보게 합니다. 그녀는 좋은 일, 바람직한 것을 나누어줌으로써 보다 많은 좋은 일, 바람직한 것이 그녀 자신에게 되돌아옵니다. 주는 것이 많으면 많을수록 얻는 것이 많아지기 때문입니다. 당신도 남에게 행복을 나누어주면, 그만큼 행복은 당신 내부에서 풍요하게 부풀어 오를 것입니다

현재 애정이나 우정을 강하게 구하면서도 얻지 못하고 있는 고독한 사람들이 이 세상에는 너무나 많이 있습니다. 그러한 사람들 가운데에는 소극적인 마음으로 해서 구하는 것을 거부하는 사람도 있습니다. 그리고 자기만의 작은 구멍 속에 틀어박혀 있으면서, 세상 앞에 나서려는 것을 주저하는 사람도 있습니다.

그들의 마음속에는 은근히 무엇인가 좋은 일이 닥쳐 오기를 바라고 있으면서도 자기가 가지고 있는 남는 것을 남에게 나누어 주려고 하지는 않습니다. 자기가 가지고 있는 좋은 것이나 바람직한 것을 다른 사람에게 주지 않고 있으면, 자기가 가지고 있는 모두를 조금씩 잃어간다는 사실을 모르고 있는 것입니다.

그러나 자기의 외로움을 달래기 위해서 무엇인가를 할 용기를 가지고 있는 사람은 좋은 것이나 아름다운 것을 남에게 나누어 주는 일 가운데서 그 보답을 발견합니다.

찰즈 스타인메트는 고독하고 불행한 소년이었습니다. 그는 태어날 때부터 등뼈가 휘고 왼발이 구부러져 있었습니다. 그러나 이 소년을 진

찰한 의사는 아버지에게 이같이 말했습니다.

"걱정하실 것 없습니다. 그는 혼자서 잘 해 나가고 있으니까요."

그의 집은 가난했고, 어머니는 그가 한 살도 채 되기 전에 죽었습니다. 자라남에 따라서 다른 어린이들은 그의 몸이 보기 흉하다거나, 여러 가지 놀이를 제대로 할 수 없다는 이유에서 그를 피하게 되었습니다.

그러나 신은 이 소년을 버리지 않았던 것입니다. 찰즈에게는 흉한 신체를 보상하기 위해서 뛰어난 두뇌를 주었던 것입니다. 그는 주어진 그 최대의 재산을 활용함으로써 아무것도 할 수 없다고 여기고 있던 육체적인 결함을 잊고 공부하여 훌륭한 능력을 발휘했습니다.

5살에 라틴어의 동사 변화를 터득했습니다. 7살에 그리스어를 배우고 히브리어도 조금 배웠습니다. 8살 때에는 이미 대수와 기하를 충분히 이해할 수 있게 되었습니다.

그는 이윽고 대학에 진학하였는데, 모든 학과에서 최고의 성적을 거두었습니다. 그는 우등생으로 대학을 졸업하게 되었고 열심히 용돈을 모았으므로 졸업식에 입고 갈 예복을 빌릴 수가 있었습니다. 그러나 대학 당국은 소극적 마음의 영향하에 있는 인간이 자주 보이는 사려 없는 냉혹성으로 찰즈의 졸업식 출석을 면제한다고 게시판에 내붙였습니다.

찰즈는 여러 가지로 고민한 끝에 그의 지적 능력에 사람들의 주의를 향하게 하여 존경하도록 하는 대신, 인간의 선의를 넓혀갈 능력을 살리기로 결심했습니다. 그는 생애의 새로운 길을 내딛기 위해서 배를 타고 미국으로 건너갔습니다.

찰즈 스타인메트는 미국에 도착하자 곧 직업을 찾기 시작했습니다. 신체가 부자연스럽다는 이유로 몇 번인가 매정스럽게 거절당하였으나, 그래도 주급 12달러로 제너럴 일렉트릭사의 도안공으로 취직할 수가 있었습니다. 그는 회사 일 이외에 전기 연구에 많은 시간을 할애하고, 자기가 가지고 있는 바람직한 것을 동료들에게 나누어 주어서 그들로부터 우정을 사려고 노력했습니다.

얼마 후 제너럴 일렉트릭 사의 사장은 그의 드물게 뛰어난 재능을 깨닫고 그에게 이와 같이 말했습니다.

"여기 있는 시설은 모두 우리 회사의 것일세. 이걸 사용해서 하고 싶은 일을 해도 좋아. 꿈을 꾸고 싶다면, 하루 종일 꿈을 꾸고 있어도 상관 없어. 꿈을 꾸기 위한 급료는 지급할 생각이니까."

찰즈는 오랜 동안 열심히 성실하게 일했습니다. 그는 일생 동안 2백 개 이상의 발명 특허를 얻었고, 전기 이론이나 전기 기술 문제에 관한 책과 논문을 수 없이 썼습니다. 그는 일이 잘 되어 나갈 때의 기쁨을 알고 있었습니다. 이 세상을 보다 살기 좋은 곳으로 하는 것에 공헌하는 기쁨을 알고 있었던 것입니다.

그는 재산을 쌓아갔고 동시에 호화스런 집을 사서 알고 지내는 젊은 커플에게 주기도 했습니다. 그리하여 스타인메트의 생애는 행복 속에서 남을 위해 도움이 되는 생애를 보냈습니다.

행복은 가정에서 나온다

우리는 대부분의 생활을 가정에서 가족과 함께 보내고 있습니다. 그러나 사랑이나 행복, 안전의 평화가 있어야 할 그 가정에 불행하게도 행복과 조화가 이루어진 인간관계를 맛볼 수 없는 투쟁의 장소로 바뀌는 일이 참으로 많습니다.

가정의 문제는 여러 가지 이유에서 생깁니다. 'PMA─성공의 과학' 강좌의 어떤 클래스에서 매우 머리가 좋고, 공격적인 24세 정도의 청년에게,

"무엇인가, 당신에게 문제가 있습니까?"

하는 질문을 했습니다.

"있습니다."

하고, 그는 서슴없이 대답했습니다.

"문제는 어머니입니다. 이번 토요일에 집을 나오기로 했습니다."

우리 나폴레온 힐 / 클레멘트 스톤가 그 문제에 관하여 자세히 이야기해 줄 것을 청하자, 그는 어머니와의 인간 관계가 조화를 잃고 있다는 것을 분명히 이야기해 주었습니다. 강사는 어머니의 성격이나 청년의 성격이 비슷하여 공격적이고 제멋대로인 것을 알 수 있었습니다.

강사는 그에게 인간의 성격은 자석의 힘으로 비유될 수 있는 것이라고 가르쳐 주었습니다. 두 개의 비슷한 힘은 다른 방향으로 서로 밀어내는 힘이 생깁니다. 두 개의 힘이 서로 대립할 때에는 서로 저항을 하고 거절하게 됩니다.

곁에 있는 두 사람이 함께 되어 같은 외력^{外力}에 반발하였다 하더라도 두 사람은 두 개의 자석과 같이 별개의 존재입니다. 그러나 외력을 끌어당기거나 거절하거나 하는 두 사람의 강도는 비록 두 사람이 대립 관계에 있어도 증대되어 갑니다.

강사는 이야기를 계속해 나갔습니다.

"당신의 태도와 당신 어머니의 태도가 매우 닮았으므로 어머니에 대한 당신의 태도 여하에 따라서 당신에 대한 어머니의 태도도 결정됩니다. 어머니의 마음은 당신 자신의 마음을 분석해 보면 알 수 있는 일입

니다. 그렇다면 당신의 문제는 쉽게 해결될 것입니다."

"강한 두 사람이 대립해 있고 서로 조화를 이룬 생활을 하는 것을 바랄 수 없는 경우에는 적어도 한 사람은 적극적인 마음의 힘을 이용하지 않으면 안 됩니다."

"그러면 금주의 숙제를 당신에게 내겠습니다. 어머니로부터 무엇인가 해 달라는 부탁을 받으면 기꺼이 하도록 하십시요. 어머니가 무엇인가 의견을 말하면 기분 좋은 마음으로 어머니의 의견에 동의하십시요. 설령 어머니의 결점이 눈에 띄었을 때에도 좋은 점만 보도록 하는 겁니다. 그러면 매우 기분 좋게 지낼 수 있게 될 것이고 어머니도 당신 말을 들어주게 될 겁니다."

"그렇게 쉽사리 되지는 않을 걸요. 어머니는 도무지 내 말을 들으려고 하지 않으니까요."

"그럴 수도 있겠지요. 당신이 적극적인 마음가짐으로 하지 않는다면요."

일주일 뒤, 그 젊은이는 문제의 경과에 대해서 질문을 받았습니다. 그의 대답은 다음과 같은 것이었습니다.

"덕분에 일주일 동안 계속, 두 사람 사이에는 불쾌한 말이 오가지 않았습니다. 저도 집에 그냥 있기로 했으니, 부디 안심하시기 바랍니다."

행복한 가정을 가지려면 남을 이해하라

행복하게 되고 싶다면 남을 이해하십시요. 사람의 에너지 양이나 능력은 제각각 다릅니다. 상대의 취향과 당신의 취향은 서로 다르니까요.

이것을 인식하면, 당신 자신 속에서 적극적인 마음을 키우면, 상대의 바람직한 반응을 쉽게 일으킬 수 있습니다.

자석은 반대 극끼리 끌어당기는데, 사람의 경우도 같아서 반대 성격의 사람을 서로 끌어당기는 것입니다. 그리고 서로의 이해가 같을 때에는 양자의 성격이 정반대일지라도 잘해 나갈 수 있습니다.

한 사람은 야심적이고, 고집이 세고, 대담하고 낙천적이며 대단히 정력적으로 에너지와 끈기가 있고, 다른 한 사람은 불만을 품는 일이 적고, 겁이 많고 소심하며, 줏대가 없는 사람이라고 할 때 두 사람은 서로 끌어당기고 서로 보완하고 강화하고 격려하게 됩니다. 그러면서 서로의 성격이 뒤섞여 극단적인 성격이 중화됩니다. 그러므로 한쪽 사람의 성격만이 강하게 나타나고, 다른 한쪽 사람이 욕구 불만으로 인하여 잘못되는 일은 피할 수 있습니다.

당신과 같은 성격의 사람과 결혼했다고 한다면, 당신은 행복하고 힘이 솟아날까요? 아마도 답은 '아니오'일 것입니다.

자녀들에게 부모들이 해주는 것을 모두 이해하게 하고, 고맙게 여기도록 가르칠 수도 있습니다. 가정 불화의 원인 대부분은 자녀들이 부모를 고맙게 생각하고 이해하는 일이 없는 데에 있습니다. 그러나 그것은 누구의 책임일까요? 부모의 책임일까요? 그렇지 않으면 양쪽 모두의 책임일까요?

얼마 전의 일입니다. 우리나폴레온 힐 / 클레멘트 스톤는 훌륭한 업적을 쌓고 있는 어느 큰 단체의 회장을 만나기로 했습니다. 그가 공공기관에서 행하는 훌륭한 일에 대해서 전국의 신문들은 어느 것이나 그의 일을 호의적으로 소개했습니다. 그러나 우리가 만나던 날 그는 몹시 불행해 보였습니다.

"나를 좋아할 사람은 하나도 없을 것입니다. 우리 아이들로부터도 미움을 받고 있으니까요."

사실 이 사람은 선의를 지닌 착한 사람이었습니다. 돈으로 살 수가 있는 것이라면 무엇이나 아이들에게 해주었습니다. 그가 어렸을 적에 한 사람 몫의 힘을 몸에 붙일 수 있도록 강요당한 것 같은 일을 자신의 아이들에게는 피했습니다. 그가 싫어하는 생활은 아이들에게도 접하지 않도록 했습니다. 그가 경험하지 않으면 안 되었던 것 같은 고생을 아이들은 겪지 않고 지낼 수 있도록 했으며, 아들과 딸이 어렸을 때에는 그들이 감사해 주기를 기대한 적은 한번도 없었고, 실제로 아이들이 감사해준 일도 없었습니다. 그는 이해하려고 하지 않더라도 아이들은 그를 이해할 것이라 생각했던 것입니다.

어느 정도는 싸움이 되어도 좋으니 자녀들에게 부모에 대해서 감사하는 마음을 가지는 것과 생활에 강해지는 것을 가르쳤다면, 사정은 달라졌을 것입니다. 그는 자녀들을 행복하게 해주는 것으로 행복을 누리고, 남을 행복하게 해줌으로써 자신도 행복하게 된다는 것을 자녀들에게 가르쳐 주지 않았던 것입니다. 그 때문에 자녀들은 그를 불행하게 만들었던 것입니다.

자녀들이 좀더 어렸을 때에 그들과 마음을 터놓고 대화를 나누고, 그들을 위해서 여러 가지로 고생했던 일을 이야기해 주었다면, 그들은 아마도 그에 대해서 좀더 이해있는 태도를 취할 수 있었을지도 모릅니다.

그러나 이 사람과 같지 않더라도 같은 입장의 사람들이라면 언제까지나 불행할 필요는 없습니다. 부적을 적극적인 마음가짐 쪽으로 뒤집어서 자기의 일을 사랑하는 사람들이 알아줄 수 있도록 하고, 이해할 수 있도록 성실하게 노력하는 것이 중요합니다.

그리고 재력으로 줄 수 있는 물질적인 것을 자녀들에게 주는 대신, 자기 자신을 나누어 줄 수 있습니다. 돈을 주었을 때와 같이 기분 좋게 자기 자신을 나누어 주면, 그들의 애정과 이해라고 하는 형태의 풍부한 보수가 주어질 것입니다.

물론 여기에 소개한 사람도, 그런 것은 잘 알고 있었습니다. 자기 자녀들이나 다른 사람들에 대한 배려는 잘못이 없었습니다. 그는 단순하게, 그들은 이해해 줄 것이거니 하는 막연한 마음만 자기고 있었던 것입니다. 그러면서 이해할 수 있는 기회는 주지 않았던 것입니다.

우리 두 사람은 『친구를 만들고 사람을 움직이는 법』 등 몇 권의 책을 소개했습니다. 그리고 자녀들도 사람이라는 것을 가르쳐 주었습니다.

말의 전달 방법이 성공과 실패를 가른다

당신이 누구이든 간에 훌륭한 인간입니다. 그러나 그렇게 생각하고 있지 않은 사람도 있을지 모릅니다. 그런 사람이 당신이 말하거나 행동하는 일에 대해서 악의로 부당하게 적대적인 태도를 취하더라도 그것은 해결될 것입니다. 그들도 당신과 같은 사람이기 때문입니다.

당신은 사람을 끌어당기거나 물리치거나 하는 힘을 가지고 있습니다. 이 힘을 잘 이용만하면, 건전한 친구를 끌어당기고, 당신에게 바람직하지 않은 영향을 끼칠 사람을 물리칠 수가 있습니다.

남에게 바람직하지 않은 느낌을 품게 하는 원인은 당신의 언동에 있습니다. 혹은 당신의 참된 내적 감정과 태도도 그 원인이 됩니다. 음악과도 비슷한 목소리는 그 사람의 기분·태도, 숨은 생각을 나타내는 경우가 있습니다. 자기의 결점을 자각하는 것은 어려운 일인지도 모르지만, 어쩌다 자신의 결점을 알았다 해도 스스로 자신의 잘못을 고치기는 여간 힘든 일이 아닙니다. 그러나 당신은 그렇게 하지 못할 이유가 없습니다.

당신은 우수한 세일즈맨으로부터 배울 수가 있습니다. 그는 가능성 있는 고객의 반응에 민감하게 되는 그리고, 그것에 대처하는 훈련을 받았기 때문입니다. 손님은 언제나 옳다고 하는 우수한 세일즈맨의 태도는 일부 사람들에게는 좀체로 받아들여지기 어려운 행위입니다. 그러나 그것이 바로 힘을 발휘한다는 것입니다.

세일즈맨이 고객에게 상품을 팔 때에 사용하는 것 같은 적극적인 마음가짐으로 자기의 육친을 행복하게 해주려고 한다면, 당신의 가정 생활과 사회 생활은 더욱 행복하게 될 것입니다.

당신의 감정이 남의 언동에서 자주 상처를 받는다고 한다면, 당신은 아마도 자신의 언동에 의하여 남에게 불쾌한 생각을 들게 하는 것에 신경을 쓰게 될 것입니다. 감정을 손상 받았을 때에는 그 까닭을 식별하고 남에게 같은 반응을 일으킴이 없도록 하십시오.

거짓말에 의하여 당신이 불쾌한 감정을 가진다면, 자신도 남에게 거짓말을 하지 않겠다고 생각하거나 불쾌한 생각을 품게 하고 있는 것이 아닌가 하고 생각해 볼 일입니다.

상대편과 이야기를 나누고 있으면서 당신에 대한 그 사람의 말투나 태도를 불쾌하게 생각한다면, 같은 언동으로 남에게 불쾌한 기분을 갖게 하지 않도록 하십시오.

누군가가 성난 목소리로 당신에게 소리쳤을 때에 불쾌한 느낌이 든다면, 당신이 그 상대에게, 비록 다섯 살 먹은 아들이나 극히 가까운 집안 사람일지라도 큰 소리를 지르면, 불쾌감을 준다고 하는 것을 생각하십시오.

제3자에게 당신의 기분을 오해하게 하여 불쾌감을 준다면, 당신의 기분을 솔직하게 피력하십시오. 그리고 그 오해를 선의로 해석하십시오. 당신이 말다툼·빈정거림, 가시가 숨어 있는 유머나, 친구·친척에 대한 비방을 달갑지 않게 여긴다고 한다면, 다른 사람도 같을 것이라고 생각하는 것이 당연합니다.

남에게서 기분 좋은 인사를 받고 싶다고 한다면, 누군가가 당신의 일을 기억하고 있음을 알고 기쁘게 생각한다면, 그 사람도 기쁘게 생각할 것임은 상상할 수 있습니다.

만족감이 행복행 고속열차의 티켓이다

세계에서 으뜸가는 부자가 행복의 골짜기에서 살고 있었다. 그는 오래 간직하고 있을 수 있는 것, 읽는 일이 없는 것,─그에게 만족과 건강과 정신의 안정과 마음의 조화를 주는 것─을 많이 가지고 있다. 그가 모은 부는 다음과 같이 하여 손에 들어온 것이다.

'나는 남의 행복을 발견함으로써 자신의 행복도 발견했다.'

'나는 절도있는 생활을 하고, 건강을 유지하기 위해 필요한 만큼밖에 먹지 않도록 하여 건강을 얻었다.'

'나는 남을 미워하거나 원망하지 않고, 모든 사람을 사랑하고 존경한다.'

'나는 여유를 가지고 노동에 종사하고 있으므로 피로라는 것을 별

로 모른다.'

'내가 늘 기도하는 것은 더욱 부가 늘어나는 것이 아니라, 좀더 사려깊은 사람이 되어 지금 가지고 있는 부를 알고, 받아들이고 맛보는 일이다.'

'나는 언제나 사람의 이름에 존경을 기울이고 있고, 어떠한 이유가 있든 남을 해치는 짓은 하지 않는다.'

'나의 자비를 바라는 사람들 모두에게 그것을 주는 특권 이외에 나는 누구에게도 아무것도 바라지 않는다.'

'나는 양심에 충실하므로 무슨 일을 하거나 잘못을 저지르는 일은 없다.'

'나는 필요 이상으로 물질적인 재산을 가지고 있다. 물욕과 선망과는 인연이 없기 때문이다. 살아 있는 동안에 건설적으로 사용할 수 있을 만한 것이 있기만 하면 좋은 것이다. 나의 재산은 내가 행복을 주어 도와준 사람들로부터 나온 것이다.'

'내가 소유하고 있는 행복의 골짜기 동산에는 세금이 붙지 않는다. 그것은 주로 나의 마음 속, 만질 수 없는 먼 곳에 있고, 내가 살아가는 방법에 공명해 주는 사람들을 제외하고 과세하거나 평가하거나 하는 것은 불가능하기 때문이다. 나는 자연의 법칙에 따라서 그것에 순응하는 습관을 몸에 붙이고 이 재산을 쌓아올렸던 것이다.'

위 글은 한 신문에 '만족감'이란 제목으로 쓴 이 책의 공저자 나폴레온 힐의 칼럼을 축약한 요점 내용입니다.

유태 교회의 랍비 루이스 빈스톡은 그의 저서 『신앙의 힘』 속에서 행복에 관하여 다음과 같이 말하고 있습니다.

"인간은 태어났을 때에는 하나로 통합되어 있었다. 그러나 인간이 형성하고 있는 세계가 인간을 산산조각으로 만들고 있는 것이다. 그곳이 바로 어리석은 세계, 허위의 세계, 공포의 세계이다. 신앙의 힘을 빌리면, 인간은 다시 하나의 통합체로 될 것이다. 그리고 그때 세계는 참으로 하나가 될 것이며, 비로소 행복과 평화가 발견될 것이다."

〈지침 16〉 당신이 간직해야 할 생각

1. 링컨이 말했다. "행복은 마음먹기에 따라 결정되는 것 같다."

2. 개인의 차이는 미미한 것이지만, 그 얼마 안 되는 차이가 큰 차이를 낳는다. 얼마 안 되는 차이는 태도에 있다. 큰 차이는 적극적인가 소극적인가 하는 것의 차이이다.

3. 행복을 발견하기 위한 가장 확실한 방법은 누군가를 행복하게 해주는 일이다.

4. 행복은 애쓴다고 해서 잡을 수 있는 것이 아니다. 다른 누군가를 행복하게 해주려고 하면, 몇 배가 되어서 당신에게 돌아올 것이다.

5. 행복이나 바람직한 것을 남에게 나누어 주면, 그것들을 끌어당길 수가 있다.

6. 비참함이나 불행을 남에게 나누어 주면, 비참과 불행히 당신을 끌어당기게 될 것이다.

7. 행복은 가정에서 나온다. 당신의 가족도 인간이다. 우수한 세일즈맨이 고객의 마음을 움직여서 사도록 하는 것 같이 가족의 마음을 움직여서 행복하게 해주어라.

8. 두 사람의 강한 성격이 부딪히지 않고 조화있는 공동생활을 원한다면, 적어도 어느 쪽인가 한 사람은 적극적인 마음가짐의 힘을 이용하지 않으면 안 된다.

9. 사람은 반응에 민감하다.

10. 행복의 골짜기에서 만족한 생활을 하고 싶지 않은가?

제5부

지금 바로 실천에 옮겨라

제1장

나의 성공 계수 알아보기

밀번 스미드라는 사람이 있습니다. 그는 급사로부터 출발하여 시카고의 컨티넨탈 상해보험회사의 사장이 된 입지적인 인물입니다. 그는 이와 같이 말하고 있습니다.

"배운다는 수고는 배우려고 하는 사람이 가질 것이며, 가르치겠다고 생각하는 사람이 갖는 것은 아니다."

그는 다시 이같이 말하고 있습니다.

"가지지 않은 사람은 어떤 아이디어일지라도 자기가 내놓은 것이 아니면, 자기에게는 맞지 않는다고 생각하고 있습니다. 나는 이같이 말하고 싶습니다.―성공을 흉내 내십시요. 내가 한 것은 모두가 다른 사람이나 회사로부터 빌린 것입니다."

그리고 그는 이어서 말합니다.

"경험자를 존중하고 이야기를 귀담아 듣도록 하십시요."

"경험자는 우리에게 없는 것을 가지고 있기 때문입니다. 내가 연장자나 성공자와 어울리고 있는 것은 그 때문입니다. 나는 그들이 가지고 있는 좋은 것, 지식·경험을 흡수하였지만, 결점은 흡수하지 않았습니다. 그리고 흡수한 것을 소화하여 자신의 것으로 하였습니다. 그러므로 그들의 실패에서도 얻은 바가 있었습니다."

"무엇인가를 배우는 데에는 그에 따르는 대가를 지불하지 않으면 안 됩니다. 나도 배우지 못한 것을 배울 때에는 자진해서 대가를 지불했습니다. 대가를 지불하고 배워야 할 것은 배워야 합니다. 그러나 지식이라는 것에 이르러서는 아직도 아득합니다."

앞서 성공한 자의 모든 것을 흉내 내라

자기에게는 대가를 지불할 준비가 되어 있겠지만, 이 책에 등장한 사람들의 훌륭한 것, 지식·경험을 흡수하고 결점을 흡수하지 않도록 할 의지가 있는가 하는 것에 대해 자문자답하는 데서 당신은 성공의 길을 갈 수 있습니다.

'예'라고 하는 답이 나오면, 이 책에서 말하고 있는 것은 당신의 도움이 될 것입니다. 그러나 무엇보다도 우선 이 책을 몇 페이지인가 읽어나갈 때마다, 자기 자신에 관한 의문에 대답하지 않으면 안 된다고 하는 기분이 되었다는 것을 생각해 냈으면 합니다. 그들 의문은 실제로는 단순하게 보였을지도 모르지만, 자기 자신을 올바르게 평가하는 것보다 더 어려운 것이 또 있겠습니까?"

'자기 자신을 알라'고 하는 것은 인간에게 주어진 가장 엄숙한 계율이라고 생각합니다. 그리하여 당신 자신을 아는데 도움이 되는 분석 질문표를 소개합니다. 당신은 이미 많은 테스트^{지능·적성·성격·어휘} 등을 받고 있을 것입니다.

그러나 이것은 다릅니다. 우리는 이것을 '성공계수 분석'이라고 부르고 있습니다. 이것은 세계 모든 분야의 뛰어난 지도자들의 훌륭한 업적을 낳은 열 일곱 가지 성공 원리에 바탕을 두고 있습니다. 그 목적은 다음과 같은 것입니다.

- 바람직한 방향으로 나아가게 하기 위해
- 생각하고 있는 것을 구체화하기 위해
- 성공으로 가는 길의 어느 쯤에 있는가를 분명히 하기 위해
- 지양하는 목적을 달성할 가능성을 측정하기 위해
- 바람직한 행동으로 나아가게 할 동기를 만들기 위해

성공계수분석

1. 목적의 명확화
(1) 생애의 큰 목표를 분명히 정하고 있는가? 예□ 아니오□
(2) 생애의 큰 목표를 달성하기 위한 기한을 정하고 있는가? 예□ 아니오□
(3) 목표 달성을 위한 세부적인 계획을 가지고 있는가? 예□ 아니오□
(4) 목표를 달성함으로써 얻어지는 이익을 확실히 정하고 있는가? 예□ 아니오□

2. 적극적인 마음가짐
(1) 적극적인 마음가짐이 어떤 것인가를 알고 있는가? 예□ 아니오□

(2) 마음가짐을 스스로 제어하고 있는가? 예□ 아니오□

(3) 완전히 제어할 수 있는 유일한 것을 알고 있는가? 예□ 아니오□

(4) 나는 물론 타인의 소극적인 마음가짐을 막을 방법을 알고 있는가?
예□ 아니오□

(5) 적극적 마음가짐을 습관화하는 법을 알고 있는가? 예□ 아니오□

3. '덤'에 대하여

(1) 받는 돈보다 더 나은 서비스를 하는 습관을 들이고 있는가? 예□ 아
니오□

(2) 직원이 실제보다 많은 임금을 받는지를 알고 있는가? 예□ 아니오□

(3) 적은 보수를 받으면서도 직업적으로 성공한 사람을 알고 있는가?
예□ 아니오□

(4) 보수에 비해 일을 적게 하면서도 승진할 권리가 있다고 생각하는
가? 예□ 아니오□

(5) 내가 고용주라면 현재 종업원이 하는 서비스에 만족할 수 있는가?
예□ 아니오□

4. 정확한 사고

(1) 자신의 직업에 대해서 더 많이 배우겠다는 다짐을 하고 있는가? 예
□ 아니오□

(2) 잘 모르는 문제에 대해서 적극적으로 의견을 개진하는 습관이 있는
가? 예□ 아니오□

(3) 지식을 필요로 하는 일에 그것을 발견하는 방법을 알고 있는가? 예
□ 아니오□

5. 자기 규율

(1) 화가 났을 때 말을 하지 않는가? 예□ 아니오□

(2) 생각하기 전에 말하는 습관이 있는가? 예□ 아니오□

(3) 자신의 인내력이 지속되지 않는가? 예□ 아니오□

(4) 어떤 상황에서도 침착함을 유지할 수 있는가? 예□ 아니오□

(5) 감정이 앞서 이성을 잃기 쉬운 일은 하지 않는가? 예□ 아니오□

6. 지도성

(1) 목표 달성을 위해 다른 사람을 움직이고 있는가? 예□ 아니오□

(2) 남의 도움없이도 목표를 달성할 수 있다고 믿는가? 예□ 아니오□

(3) 가족이 반대해도 자신의 직업에서 성공할 수 있다고 생각하는가?
예□ 아니오□

(4) 노사는 협력하는 것이 좋다고 생각하는가? 예□ 아니오□

(5) 내가 속한 그룹이 칭찬 받을 때 자부심을 느끼는가? 예□ 아니오□

7. 신앙심

(1) 신의 섭리를 믿는가? 예□ 아니오□

(2) 자신을 성실한 인간이라 생각하는가? 예□ 아니오□

(3) 결심한 일을 성공시킬 자신이 있는가? 예□ 아니오□

(4) 다음 7가지 공포에 한번도 사로잡힌 적이 없었는가? 예□ 아니오□
①빈곤의 공포 ②비판의 공포 ③질병의 공포 ④사랑을 잃은 공포 ⑤자
유를 잃은 공포 ⑥노령의 공포 ⑦죽음의 공포

8. 호감을 사는 성격

(1) 타인에게 무례한 태도를 취하는 습관이 있는가? 예□ 아니오□

(2) 황금률에 따르는 걸 습관화하고 있는가? 예□ 아니오□

(3) 동료로부터 호감을 받고 있는가? 예□ 아니오□

(4) 다른 사람을 지루하게 하는가? 예□ 아니오□

9. 자발성

(1) 자신의 일을 스스로 계획하는가? 예□ 아니오□

(2) 일을 할 때 자신에게 맞지 않으면 안 되는가? 예□ 아니오□

(3) 다른 사람에게 없는 좋은 자질을 가지고 있는가? 예□ 아니오□

(4) 자신의 일에 게으름을 피우는 습관이 있는가? 예□ 아니오□

(5) 일을 할 때 능률 향상을 위한 개선에 힘쓰고 있는가? 예□ 아니오□

10. 열의

(1) 열의가 있는가? 예□ 아니오□

(2) 자신의 열의를 수행과정에서 살리고 있는가? 예□ 아니오□

(3) 스스로의 판단을 좌우할 정도의 열의가 있는가? 예□ 아니오□

11. 콘트롤된 주의력

(1) 언제나 자신이 하고 있는 일에 생각을 집중시키고 있는가? 예□ 아니오□

(2) 타인에 의지에 따라 자신의 계획이나 결심을 바꾸기도 하는가? 예□ 아니오□

(3) 반대에 부딪히면 목표와 계획을 포기하는가? 예□ 아니오□

(4) 걱정되는 일이 있어도 신경 안 쓰고 일을 계속할 수 있는가? 예□ 아

니오□

12. 팀워크
(1) 다른 사람과 협조해서 일을 해 나갈 수 있는가? 예□ 아니오□
(2) 자신이 용서받는 것과 동일한 가치로 남을 용서할 수 있는가? 예□
아니오□
(3) 다른 사람과 의견이 맞지 않은 일이 많은가? 예□ 아니오□
(4) 동료와의 협력을 긴밀히 하는 것에 큰 이점이 있다고 생각하는가?
예□ 아니오□
(5) 동료가 협력하지 않기 때문에 생기는 손해를 인식하고 있는가? 예□
아니오□

13. 패배의 교훈
(1) 실패의 원인이 생겼을 때 하던 일을 그만두는가? 예□ 아니오□
(2) 한 가지 일에 실패해도 다른 일을 계속하는가? 예□ 아니오□
(3) 일시적인 실패가 발생했을 때 패배라고 생각하는가? 예□ 아니오□
(4) 패배에서 무엇이나 배우는가? 예□ 아니오□
(5) 패배를 성공으로 전환시킬 방법을 알고 있는가? 예□ 아니오□

14. 창조적인 비전
(1) 자신의 상상력을 건설적으로 사용하고 있는가? 예□ 아니오□
(2) 의사 결정을 스스로 하고 있는가? 예□ 아니오□
(3) 지시에 따라 일하는 사람이 새로운 아이디어를 내는 사람보다 언제
나 높이 평가된다고 생각하는가? 예□ 아니오□

(4) 자신에게 독창성이 있다고 생각하는가? 예□ 아니오□

(5) 자신의 일에 관련된 아이디어를 내놓을 수 있는가? 예□ 아니오□

(6) 필요한 때에는 주저없이 타인에게 조언을 구하는가? 예□ 아니오□

15. 시간과 돈의 계획을 세우는 일

(1) 수입에서 일정한 비율의 돈을 저축하고 있는가? 예□ 아니오□

(2) 장래의 수입 여부를 생각하지 않고 돈을 쓰는가? 예□ 아니오□

(3) 매일 밤 충분한 수면을 취하는가? 예□ 아니오□

(4) 책을 읽는 습관을 몸에 붙이고 있는가? 예□ 아니오□

16. 건강 유지

(1) 건강 유지를 위한 기본 요인을 알고 있는가? 예□ 아니오□

(2) 건강 유지가 어디에서 시작되는지 알고 있는가? 예□ 아니오□

(3) 휴양과 건강 관계에 대해서 알고 있는가? 예□ 아니오□

17. 당신의 내부에 있는 우주 습성의 힘을 이용할 것

(1) 마음대로 되지 않은 습성을 가지고 있는가? 예□ 아니오□

(2) 최근에 고친 바람직한 습성이 있는가? 예□ 아니오□

(3) 최근에 몸에 붙인 바람직한 습성이 있는가? 예□ 아니오□

채점법

지금까지 설문에 대한 답이 '아니오'라고 합시다. 즉 3(3)—3(4)—
4(2)—5(2)—5(3)—5(5)—6(2)—6(3)—8(1)—8(4)—9(2)—9(4)—10(3)—

11(2)—11(3)—12(3)—13(1)—13(3)—14(3)—15(2)—17(1).

이 이외의 설문에 모두 '예'라고 답을 했을 경우 300점 만점이 되는데, 이런 점수를 낸 사람은 거의 없음.

'아니오'라고 뼈야 할 곳을 '예'라고 답한 수×4=?

'예'라고 대답해야 할 곳을 '아니오'라고 답한 수×4=?

※이 두 가지 소계의 합을 300에서 뺀 것이 점수.

〔예 1〕300점-(아니오 → 예 3×4)=288점

〔예 2〕300점-(예 → 아니오 2×4)=292점

평가방법

300점 ——————————————— 완전(극히 드묾)

275~299점 ——————————————— 우(평균 이상)

200~274점 ——————————————— 양(평균)

100~190점 ——————————————— 가(평균 이하)

99이하 ——————————————— 불가

높은 점수를 따면, 이 책에서 말하고자 하는 원리를 빨리 소화하고 실행할 수 있음을 뜻합니다. 그만큼 높은 점수를 따지 못하더라도 지나친 실망은 금물입니다. 매사에 적극적인 마음가짐으로 행하면 얼마든지 성공할 수 있기 때문입니다.

자신에게 적합한 장사나 직업의 일로 심리학자에게 조력을 구하면, 정해 놓고 종합 테스트를 받으라고 합니다.

테스트 결과에서 그 사람의 특성은 알 수 있으나, 심리학자는 그것을 결정적인 것이라고는 보고 있지 않습니다. 테스트에서 알 수 없는 것은 개인 면접에서 발견하도록 언제나 마음을 쓰고 있기 때문입니다.

심리학자는 테스트와 개인 면접 결과를 사용하여 조언을 하고 평가를 합니다.

따라서 당신도 성공계수분석의 질문표에 바탕한 최초의 점수를 기준으로 얼마나 상승을 계속할 수 있는가 하는 당신의 성공을 측정하는 수단으로서 사용할 수가 있습니다.

이 책을 되풀이하여 읽고 또 읽으십시요. 모든 원리가 당신 생활의 일부가 되고, 당신의 모든 행동에 동기를 줄 수 있을 때까지 말입니다.

그리고 3개월 간 진지하게 그 원리를 응용해 보고, 다시 성공계수를 테스트해 보십시요. 그러면 잘못된 답을 낸 많은 설문에 올바르게 대답할 수 있게 될 뿐만 아니라, 처음부터 올바른 답을 하고 있던 설문에 대해서도 전보다 더욱 확신을 가지고 답할 수 있게 될 것입니다.

그러나 당신의 성공계수는 단순한 철학책 이상으로 당신에게 도움이 될 것입니다. 이것은 자기 개선을 위해서는 어떤 점에서 가장 힘을 기울여야 할 것인가 하는 점을 발견하는 데도 도움이 됩니다. 그 뿐만 아니라, 당신의 가장 우수한 점을 분명히 해주기도 할 것입니다.

당신의 미래는 당신 앞에 있는 것입니다. 당신은 자신의 생각을 지배하고, 당신의 감정을 제어할 힘을 가지고 있습니다. 당신 마음속에서 잠자고 있는 거인을 눈뜨게 하는 것입니다.

제2장
내 속의 거인을 눈뜨게 하라

당신은 대단히 소중한 사람

멈추어 서서 당신 자신의 일을 생각해 보십시요. 세계 역사를 통하여 지금까지 당신과 똑같은 사람은 한 사람도 없었고, 앞으로 무한히 계속되는 시간에도 또 한 사람의 당신이 나타날 리는 없습니다.

당신은 자신만의 유전·환경·육체, 의식과 잠재의식, 경험·시간과 공간에서의 특별한 위치와 방향 등을 제외하고도 이미 알고 있는 힘과 알지 못하는 힘으로 되어 있는 제품과 같은 존재입니다.

당신은 영향을 끼치고 이용하고 제어하는, 그러한 것들 모두와 조화시키는 힘을 가지고 있습니다. 그리고 당신의 생각하는 방향을 바꾸고, 당신의 감정을 억제하고, 당신의 운을 결정할 수가 있습니다.

당신은 육체를 가진 고귀한 정신입니다. 당신의 정신은 두 가지의 눈에 보이지 않는 거인의 힘, 즉 의식과 잠재의식으로 되어 있습니다. 하나는 결코 잠자지 않는 거인입니다. 그것이 잠재의식이라고 하는 것입니다.

다른 하나는, 잠을 자게 되면 힘이 없어지는 거인입니다. 눈을 뜨고 있을 때에는 한없는 힘을 가지고 있습니다. 이 거인이 의식으로서 알려져 있는 것입니다. 이 두 가지의 작용의 조화가 취하여져 있으면 이미 알고 있는 힘, 아직 알고 있지 못하는 힘을 가릴 것 없이 전력을 다하여 영향을 끼치고 이용하고 조화를 꾀할 수가 있습니다.

당신이 바라는 것은 무엇인가

마신魔神은 "당신이 바라는 것은 무엇인가? 나는 당신의 노예로서 일하고 있는 자이다. 우리는 등잔의 노예^{아라비안 나이트에 나오는 요술 램프}이다"라고 말했습니다.

당신 속에 있는 잠자는 거인의 눈을 뜨게 하십시오. 그 거인은 알라딘의 램프의 마신을 능가하는 힘을 가지고 있습니다. 마신은 허구입니다. 당신의 잠자는 거인은 현실입니다.

당신이 바라는 것은 무엇입니까, 사랑입니까, 건강입니까, 성공입니까, 친구입니까, 돈입니까, 가정입니까, 자동차입니까, 다른 사람에게 인정을 받는 것입니까, 마음의 안정입니까, 용기입니까, 행복입니까, 그렇지 않으면 당신이 살고 있는 세계를 보다 좋은 세계로 만들고 싶다는 생각입니까?

당신 속에 있는 잠자는 거인은, 당신의 소망을 이루어 줄 힘을 가지고 있습니다. 당신이 바라는 것은 무엇입니까? 예를 들어보십시오. 그것을 당신에게 드리겠습니다. 당신 속에 있는 잠자는 거인을 눈뜨게 하십시요. 그러기 위해서는 어떻게 하면 좋을까요?

생각하는 것입니다. 적극적인 자세를 가지고 생각하는 것입니다.

알라딘의 램프의 마신과 같이 잠자는 거인을 마법으로 불러내지 않으면 안 됩니다. 당신은 그 마법을 가지고 있습니다.

마법이라고 하는 것은, 한쪽에 적극적인 마음가짐, 다른 한쪽에는 소극적인 마음가짐의 상징이 달린 부적입니다. 적극적인 마음가짐의 특징은, 신앙·희망·성실·사랑이라는 말로 상징되는 도움이 되는 성격입니다.

대여행으로의 출발

각 장의 끝에 넣은 요약에 '지침'이라고 하는 표제를 달았습니다만, 그것은 당신이 어딘가를 향하여 나아가고 있기 때문입니다. 당신은 가만히 서 있을 수 없습니다. 지금 당신의 삶은 거칠고 익숙치 못한 바다를 항해 중입니다. 제대로 목적지에 도착하려면, 여러 가지 항해술을 사용하지 않으면 안 될 것입니다.

배의 나침판은 자기의 영향을 받고 뒤틀리기 때문에 올바른 진로를 유지하기 위해서는 앞을 볼 수 있는 안내인이 필요함과 마찬가지로, 일생의 항해에서 당신에게 영향을 주는 강한 영향력에 주의를 기울일 필요가 있습니다.

나침판은 편차나 항로 항해를 걱정할 것 없이 올바로 읽음으로써 수정됩니다. 변화가 외적 영향으로 되는 인간의 생활에 관해서도 같은 말을 할 수 있습니다. 항로 밖 항해는 당신의 의식과 잠재의식 내부에 있는 소극적 태도입니다. 이들 항로 밖 항해는 해도에 따라서 수정하지 않으면 안 됩니다.

당신에게는 실의와 불행, 또는 위험이 버티고 있을지도 모릅니다. 그것들은 당신의 항로상에 있는 암초이며, 숨은 여울입니다. 당신의 나침판의 편차가 고쳐져 있다면 그 항로를 무사히 지나갈 수가 있습니다. 산호초와 조류는 조심을 하면 타고 넘을 수 있기 때문입니다. 당신은 등대 불빛이나 기적 소리의 외적 영향을 구별하면, 그다지 심한 재난을 만나지 않고 목적지로 갈 수 있는 항로로 나아갈 수가 있습니다.

항해도를 보는 경우라면, 나침판의 정밀도가 결정적 수단이 됩니다. 나침판의 보반補盤은 별로 정확하게 되어 있지 않습니다. 없어서는 안 되는 안전판은 항해자에 대신하는 빈틈없는 조심성입니다. 그러나 나침판은 극히 효과적으로 수정하는 것은 가능합니다.

나침판 바늘이 북과 남의 양극 방향을 가리키는 것과 같이, 당신의 나침판이 바로잡아진다면, 당신은 자동적으로 당신의 목표, 당신의 최고의 이상을 향하여 전진할 수 있을 것입니다. 인간의 최고의 이상이란 신의 의지입니다.

성공은 당신 자신에게 있다

이 책을 읽고 여기에 따라서 태도를 취하면, 성공·재난 육체적 건강과 정신적 건강·행복을 가져올 것입니다. 카네기가 말한 다음의 말을 잊지 않도록 하십시오.

"인생에 있어서 손에 넣을 만한 가치가 있는 것은, 그것을 얻기 위해서 노력할 가치도 있는 것이다."

〈지침 17〉 당신이 간직해야 할 생각

1.당신이 바라는 것이 무엇일까요. 사랑입니까, 건강입니까, 성공입니까, 친구입니까, 돈입니까, 가정입니까, 자동차입니까, 다른 사람에게 인정받는 일입니까, 마음의 안정입니까, 용기입니까, 행복입니까? 그렇지 않으면 살고 있는 당신의 세계를 보다 좋은 세계로 만드는 일입니까?

2. 무엇인가를 말해 보십시요. 그것이 당신의 것으로 됩니다.

3. 생각하십시요. 적극적 마음가짐으로 생각하십시요.

4. 위험을 피하여 무사히 선택한 목적지에 도착할 수 있도록 당신의 나침판을 바로 고치십시오.

5. 인간의 최고의 이상은 신의 의지입니다.

6. 당신 속에 있는 잠자는 거인을 눈뜨게 하십시요.

리더가 읽어야 할 한 줄 탈무드

지혜의 격언

*

사람들은 돈을 시간보다 소중하게
여기지만, 그로인해 잃는 시간은
금전으로도 사지 못한다.

*

입을 다물 줄 모르는 사람은 대문이
닫히지 않는 집과 같다.

*

너무 높이 오르지 않으면 높은
곳에서 떨어지는 일이 없다.

*

어떤 사람은 젊어도 늙었고, 어떤
사람은 늙었어도 젊다.

*

눈이 보이지 않는 것보다는 마음이
보이지 않는 쪽이 더 두렵다.

*

현명한 사람은 자기 눈으로 직접 본
것을 남들에게 이야기하고, 어리석은
사람은 자기 눈으로 보지 못하고
귀로 들은 것만을 이야기한다.

*

물고기는 언제나 입으로 낚인다.
인간도 역시 입 때문에 걸려든다.

*

시계는 일어날 시간을 알기 위해서
쓰여야지, 잠잘 시간을 알기 위해서

쓰여서는 안 된다.

*

인간은 세 가지에 의해서 지탱된다.
지식과 재산과 선행이다.

*

좋은 일을 하는 것은 처음엔
가시밭길이지만, 결국은 평탄한
길로 들어서게 된다. 나쁜 일을 하는
것은 처음에는 평탄한 길이지만 곧,
가시밭길로 들어서게 된다.

*

이 세상에 살고 있는 동안에는
영원히 죽지 않을 것이라고 생각하고
모든 것을 계획하라. 그리고 저승을
위해서는 내일 죽는다고 생각하고
계획하여라.

*

1온스의 행운은 1파운드의 황금보다
낫다.

돈과 마음에 대한 격언

*

가난함은 수치가 아니지만, 그렇다고
명예로운 것도 아니다.

*

재물이 많으면 그만큼 걱정거리도
늘어나지만, 재물이 전혀 없으면

걱정거리가 더 많다.

＊

돈을 사랑하는 마음만으로 부자가
될 수 없다. 돈이 당신을 사랑하지
않으면 안 된다.

＊

부자가 되는 유일한 방법은 내일 할
일을 오늘 해치우고, 오늘 먹어야 할
것을 내일 먹는 일이다.

＊

좋은 수입만큼 좋은 약은 없다.

＊

돈은 닫힌 문을 쉽게 열 수 있는
황금열쇠이다.

＊

겨울 땔감에 필요한 돈을 여름철
한가할 때 놀면서 낭비하지 말라.

＊

마음에서의 문은 입, 마음에서의
창은 귀이다.

＊

매일매일 자기 자신을 학대하는 자는
이승도 저승도 갈 곳이 없다.

＊

남의 결점만 찾아내는 사람은 자기
결점은 찾지 못한다.

＊

원한을 품고 난 뒤의 당신의 마음은
개운하지 않을 것이다. 그러나

용서해 준 뒤의 마음은 시원하고
맑다.

＊

돈이 없는 것은 인생에서의 절반을
잃은 것이고, 용기가 없는 것은 인생
모두를 잃는 것이다.

＊

영웅의 첫 발은 용기를 갖는 일이다.

＊

노예라도 현실에 만족하면 자유롭고,
자연스런 인간도 현실에 불만이
있으면 바로 노예다.

＊

천국의 출입구는 기도에는 닫혀 있을
수 있지만 눈물에는 열린다.

건강과 교육에 관한 명언

＊

이미 끝나버린 일을 후회하기 보다는
하고 싶었던 일을 하지 못한 것을
후회하라.

＊

술이 머리에 들어가면 비밀이 밖으로
밀려나온다.

＊

인간의 탄생과 죽음은 책의 앞면과
뒷면 같은 것이다.

체중은 그 무게를 잴 수 있으나,
지성의 무게는 잴 수가 없다.
지성에는 한계가 없기 때문이다.

*

사람은 책을 통해 많은 지혜를 얻게
된다.

*

열매가 탐스럽게 열린 나무는 바람에
흔들리지 않는다.

*

지혜로운 자는 빵을 나눌 때 열 번을
생각하고 나누지만, 우매한 자는
열 번을 나누어도 한번도 생각나지
않는다.

*

자녀가 성장해 가면서 부모를
잊는 것은 부모의 교육이 나쁘기
때문이다.

*

한 사람의 아버지는 열 자녀라도
양육할 수 있으나, 열 자녀는 한
아버지를 봉양할 수 없다.

*

사람을 바꾸고 싶어도 안 되는 것은
자기의 부모이다.

*

선생님으로부터 배우는 것보다도
친구에게, 그리고 학생에게서 배우는

것이 더 많다.

*

어리석은 자의 노년은 겨울이지만,
현자의 노년은 황금기이다.

*

책으로부터 지식을 배우고 인생에서
지혜를 배운다.

*

세 종류의 어리석은 사람이 있다.
첫째는 자신의 어리석음을 알고 있는
사람, 둘째는 자기가 슬기롭다고
자신하는 사람, 셋째는 자기 자신도
남도 모두 어리석다고 생각하는
사람이다.

입에 대한 격언

*

말이 당신의 입 안에서 돌고 있을 때
그 말은 당신의 노예이지만, 일단
밖으로 튀어나왔을 때는 당신의
주인이 된다.

*

혀는 마음의 붓이다.

*

현명한 사람은 자기 눈으로 직접 본
것을 남들에게 이야기하고, 어리석은
사람은 자기 눈으로 보지 못하고

귀로만 들을 것을 이야기한다.

*

남의 입에서 나온 말보다 자기
입에서 나오는 말을 잘 들어야
한다.

*

고약한 혀는 고약한 손보다
나쁘다.

*

밤에 이야기 할 때는 소리를
낮추고, 낮에 이야기 할 때는
주위를 살펴야 한다.

*

싸움을 잠재우는 가장 좋은
방법은 침묵이다.

*

침묵도 하나의 대답이다.

*

당신이 비밀을 지키고 있을 때는
비밀은 당신의 포로이다. 그러나
당신이 그것을 말해버린 순간부터
그대는 비밀의 포로가 된다.

*

자기 자랑을 하는 것은 남을
욕하는 것보다 낫다.

*

영혼까지도 휴식이 필요함으로
인간은 잠을 자는 것이다. 입에도
휴식을 주고 남의 말에 귀를
기울여라.

*

즐겁게 오래 살고 싶으면 코로
숨을 쉬고 입은 다물어라.

손에 잡히는 성공학

초판 인쇄 2019년 5월 1일
초판 발행 2019년 5월 5일

나폴레온 힐 / 윌리암 클레멘트 스톤 공저
홍석연 옮김
홍철부 발행

펴낸곳 문지사
등록 제25100-2002-000038호
주소 서울특별시 은평구 갈현로 312
전화 02)386-8451/2
팩스 02)386-8453

ISBN 978-89-8308-542-9 13320

값 15,000원

ⓒ2019 moonjisa Inc
Printed in Seoul Korea

*잘못 만들어진 책은 본사나 구입하신 서점에서
교환하여 드립니다.